U0067503

你 也 可 以 用 幽 默 的 方 式 表 達 自 己 的 意 思

幽默的人

HUMOROUS PEOPLE
ARE THE MOST POPULAR

最讓人喜歡

心理學家威廉·詹姆斯曾說：

幽默雖然不是什麼特異功能，
卻能輕鬆化解原來尷尬或對立的場面。

確實，
在這個人際關係緊張對立的社會，
懂得在適當的時機幽默一下的人，
到處都受人歡迎。

因為，
幽默的人懂得用自嘲來化本尷尬、對立的氣氛，
更懂得用機智詼諧的話語做為別人和自己的下台階。

幽默的人最讓人喜歡，
因為誰都不願意跟不苟言笑，
凡事一板一眼的人聚在一起，
也沒人願意跟開不起玩笑，
動不動就生氣的人建立密切關係。

如果你想擁有良好的人際關係，
培養適度的幽默感，
無疑是必修的第一門功課。

塞德娜 編著

·出版序·

幽默的人最讓人喜歡

機智幽默當然不是與生俱來的，而是從生活中慢慢累積、慢慢學習得到的智慧，可以輕鬆擺平眼前的麻煩事。

心理學家威廉·詹姆斯曾說：「幽默雖然不是什麼特異功能，卻能輕鬆化解原來尷尬或對立的場面。」

確實，活在人際關係緊張對立的社會，懂得在適當的時機幽默一下的人，最讓人喜歡。因為，幽默的人懂得用自嘲來化解尷尬、對立的氣氛，更懂得用機智詼諧的話語做為別人和自己的下台階。

幽默可以讓對方卸下原有的心防，也可以緩和僵持的氣氛。幽默的話語不

只可以替自己解圍，同時也可以替自己創造更多機會。

音樂會上，有一位著名的女聲樂家正引吭高歌，台下有一位女聽眾也用顫音跟著唱了起來。

「真像一頭母牛！」她的鄰座忿忿不平地說。

「誰？你這是在說我嗎？」那名女聽眾立即轉頭質問。

「哦！不，不是您，我是說，台上這位歌手干擾了您美妙的歌聲。」這名聽眾連忙改口說。

這名聽眾的反應還蠻快的，能隨機應變，自然聰明避開了人們的報復。說來，這不正是許多人最缺乏的解危能力嗎？

碰到類似的情況，別太情緒化，如果對方能聰明自省，並因而冷靜下來，麻煩自然解除。若不幸遇到像故事中的女聽眾，不但不覺得自己失態，更不知道自我反省，便得小心應對，因為一旦處理不當，恐怕出糗的人不是只有她，

還包括我們自己。

此外，之所以在人際相處上要如此用心，是因為我們在日常生活中應對進退的習慣動作，常常與本身的工作相通。生活態度謹慎的人，在工作上自然也能得到較好成果。

「親愛的女士、先生們，接下來我們邀請到一位小提琴家來演奏。他曾在各種國際比賽中獲得不少大獎，現在，請你們以熱烈的掌聲歡迎他。」主持人對著觀眾們說。

這時，演奏家卻神情緊張地對主持人低語：「對不起，我不是小提琴家，我是個鋼琴家。」

主持人一聽，連忙又舉起麥克風：「女士、先生，很抱歉，小提琴家忘了把小提琴帶出來，因此他決定改為大家演奏鋼琴，相信這樣的機會更為難得，請大家再一次以熱烈的掌聲來歡迎他出場。」

主持人臨場應變，不僅遮掩住有關單位犯錯的糗事，更維持了原本希冀聆聽小提琴演奏的觀眾們的心情，甚至還以「難得」兩個字來拉抬現場氣氛，讓這場音樂會變得更具可看性。從另一個角度來看，主持人的機智同樣緩和了鋼琴家窘迫的緊張情緒，讓音樂會能有個圓滿的結果。

弗列迪克曾經寫道：「懂得幽默的人，最有人緣。」

因為，沒有人會喜歡跟一個不苟言笑，凡事正經八百的人一起生活，因此，如果你想有人會願意跟一個開不起玩笑，凡事一板一眼的人朝夕相處，也沒擁有良好的人緣，培養適度的幽默感，就是你必修的第一門功課。

機智幽默當然不是與生俱來的，而是從生活中慢慢累積、慢慢學習得到的智慧。相同的幽默應變，讓兩則故事中的主角漂亮地排紛解難，不用發生任何爭執，也不必發出抗議聲，便輕鬆擺平眼前的麻煩事，這正是我們每個人都應該努力學習的目標與境界。

【出版序】 幽默的人最讓人喜歡

PART 1

運用幽默智慧化解誤會

人際溝通其實一點也不難，只要我們不情緒化，能理性並寬容對人，那麼所有人都會是人際溝通的高手。

懂得幽默回敬，才算真正聰明

處世要能多元運用，待人接物也要能多變通，畢竟人是多樣的，面對不同的人，要有不同的對待方式。

PART 3 別用情緒處理事情

幽默一點，別再用情緒解題，也別輕忽了態度的重要，因為這些都是人們評斷的重要依據，稍有偏差，便難得敬重與肯定。

PART4 冷靜處事，才能減少爭執

人與人之間若想多一點和諧，便要多用一些智慧，也多學會控制自己的脾氣，並多學習理性處的冷靜智慧。

幽默看待，才會自在愉快

不想心情老是蒙上憂愁，多學會放下工作的煩悶壓力吧！認真且幽默地看待一切，你我才可能擁有自在愉快的人生。

PART 6

用幽默將生活的框架突破

不想受困於「有限」的生活空間，便得讓自己擁有「無限」的心境與思考智慧，讓自己幽默一點。

PART 7 用幽默的態度看待惱人的小事

恩怨情仇皆是生活中的小事，想擁有一段幸福圓滿的人生，就該幽默以對，別再讓生活中的小事困住自己。

不要讓自己的幽默太過火

PART 8

輕鬆生活不代表可以隨性作為，幽默也不可過火，唯有能保有自己的真性誠心，才能期待良善社會環境的建立。

運用幽默智慧化解誤會

人際溝通其實一點也不難，只要我們不情緒化，能理性並寬容對人，那麼所有人都會是人際溝通的高手。

活用機智，替自己留條退路

說話和做人一樣，要多一點「靈活」的空間，與其說得絕對，不如留點退路，讓自己在犯錯時能找到喘息的空間和進步的機會。

古羅馬家西塞羅曾經寫道：「幽默會給人帶來歡樂，而且，常常可以產生巨大的作用。」

的確，幽默不僅能令人開懷，而且還會發揮奇妙的光合作用，讓你跟別人的互動過程更加順利。

沒有人喜歡跟整天板著撲克臉的人打交道，也沒有人願意跟一個凡事都針鋒相對的人相處，如果你想擁有良好的人緣，就必須培養一些幽默感。

某一年，阿拉斯加某個小鎮的牧師去世了，當地居民立即組了一個徵求新牧師的委員會，並由該會人員向紐約全國牧師分配委員會申請新任牧師。

可是，該鎮居民等了又等，委員會成員也非常積極催促，紐約總會卻始終沒派新牧師到任。

過了好幾個月之後，仍不見新牧師，讓委員會成員非常憤怒，其中一名女委員想了又想，最後寫了一封信給紐約委員會主席：「主席您好，您千萬別派牧師來本鎮，因為我們發現，犯罪比上教堂更加有趣！」

就在那封信寄出之後的第三天，新牧師便出現在那個小鎮了。

在這個帶點「恐嚇」的字句裡，我們不僅看見了該委員的聰明，更學到了逆向操作有時更時解決難題。既然正面要求得不到回應，不妨以反向且有些叛逆的作為來突破，如果對方的思考始終無法轉彎，那就靠自己扭轉，畢竟問題總要解決的，不是嗎？

從「犯罪比上教堂更加有趣」這句有些情緒化的話，我們也發現，確實有些情況越是中規中矩，越無法把問題解決。反向操作，倒著前進，反而更能吸引人們的目光，甚至會更用心聆聽你我的訴求。

生活本該圓通，硬梆梆的道理和要求很難服眾，畢竟人是活潑的，太過僵硬的規範，常常會帶來極大的反彈，甚至是破壞。

再聽聽下面這個有趣的例子，從中我們將更見「反思」的趣味。

有位神父諄諄告誡大家不要喝酒，常說：「酒，是人之大敵！」

可是許多人言行不一，這名神父也不例外，因為他是個嗜酒如命的酒鬼，經常偷偷躲起來喝得爛醉。

有一天，他又喝醉了。本來躲在這個地方應該是不會被人發現的，偏偏他醉得糊塗，竟連連高呼：「哈里路亞！哈里路亞！哈里路亞！」

「神父！你喝酒啊？你……你不是說過酒是人類的敵人嗎？」循聲找來的村民，發現神父竟然喝酒，都很訝異。

神父看見信徒，先是一驚，而這一驚似乎讓他有些醒了，支支吾吾地說：

「喔！是呀！那個⋯⋯對，你不知道《聖經》上還有一說嗎？」

村民皺眉看著神父，神父深吸了一口氣，接著微笑地說：「親愛的，要愛你們的『敵人』呀！」

的確要好好愛自己的敵人，若不是生活中的競爭對手，又怎麼激得起鬥志，又如何能從敵人身上反映出自己的缺點和不足！

神父的前言後語雖然十分諷刺，但也告訴我們，說話和做人一樣，要多一點「靈活」的空間，不是非要把話說得死死的才具說服力，也不是非要把自己設在一定的規矩中才能取得人們的信任，與其說得絕對，不如留點退路，讓自己在犯錯時能找到喘息的空間和進步的機會。

不論是以「反話」刺激人行動積極，還是援引另一個正面的話補救自己的缺失，都是要告訴我們要多培養靈活變通的機智，好讓我們在面對困難或遇到危機時，能靠著這個「靈活思考」扭轉劣勢。

多說好話，就可以減少摩擦

想規勸他人，要少一點針對，也要少一點嚴苛的指責，最簡單的方式就是多站在對方角度去思考問題，多體貼對方的感受。

某神父最近觀察到一個情況，每當他傳道的時候，聽眾之中有好幾個總是會打瞌睡，有的人甚至還非常不禮貌地鼾聲大作。偏偏這些人在別的神父傳道時，卻一個個都能精神抖擻，凝神專注，甚至連眼睛都不曾眨一下。

有一回，這神父傳道完之後，忍不住滿腹疑問地走到一位剛醒來的信眾身邊問道：「為什麼你在我傳道時都會打瞌睡，在別的神父傳道時卻不會呢？」

這聽眾聽了，先是打了個哈欠，然後伸了伸懶腰說出理由：「原因很簡單

啊！因為你傳道的時候，我們絲毫不會懷疑你說的話是否正確。但是，其他神父來向我們傳道的時候，我們可就不敢有這樣的想法了，所以，我們不得不好好地監視他、盯住他。」

神父雖然心中仍有些困惑，但聽見信眾如此肯定自己，不覺有些飄飄然，對於信徒的話就毫不懷疑的接受了。

當神父開心的接受信徒的理由時，想必令不少人不禁莞爾，當然也必定讓不少人對這名信徒的機智回應深感佩服吧！

從另一個角度看，明明是聽講聽到打瞌睡，明明是這位神父演講不如別的神父精采，但信眾卻還能想一個如此漂亮的理由，體貼保護神父的面子問題，確實不是一般人能及的。

日常生活中不少人在待人應對時都習慣直接回應，總是忘了關照別人的想法與感受，忽略了要體貼他人的情緒，以致人際互動時增添了不少摩擦。一如故事中的情況，要是不懂得轉彎，不懂體貼的人，想必答案會是：「因為你講

得很無趣！」是不是呢？

若是雙方互有心結，見面對話總是針鋒相對，不見和氣，爭執便一觸即發

好像下面這個例子。

有位美國牧師剛從英國訪問回來，正準備搭火車返回家鄉，當他一走進車

站大廳，就碰上了他所屬教區的一位居民。

「拉姆先生，你怎麼在這裡？難道小鎮出了什麼事？」牧師擔心地問道。

「是的，牧師先生，發生了一件非常悲慘的事。唉，就在你離開美國之後

不久，一場龍捲風捲走了我的家。」拉姆哀怨地說。

牧師搖了搖頭說：「親愛的，我就知道！我一點也不覺得驚奇，拉姆，你

還記得嗎？我早就警告過你了，你卻一點也不聽，依然故我，一味的放縱自己，

還偏執的用錯誤的態度生活，這真是惡有惡報，誰都無法迴避啊！」

拉姆聽了，很不以為然地說：「我說牧師先生，就我所知，那場龍捲風似

乎也把你的家給捲走了！」

「喔，是嗎？」牧師聽了驚呼一聲，但旋即便冷靜下來：「阿門，想必上帝以為我去了英國之後便再也不回家了！」

牧師的機智為自己解了圍，但是恐怕很難圓融兩個人的關係了，當牧師不懂將心比心，體會拉姆受災的心情，還硬要把慘劇歸給因果，甚至在拉姆身心俱疲的時候大加斥責，顯然十分不通人情。

多數天災因果論總是因人的需要而強加附會，真能套用在所謂的命理果報中的機率幾乎等於零。

想規勸他人，要少一點針對，也要少一點嚴苛的指責，最簡單的方式就是多站在對方角度去思考問題，一如第一則故事中的聽眾一般，多體貼對方的感受，然後順著這份體貼心去尋找對方較能接受的勸告，如此一來，才能真正達到圓滿勸諫的目的，也才能多得一個肯聆聽自己意見的朋友。

要真心相對，不要針鋒相對

對人要少一點針對，生活要少一點歧視和算計，少一點針對性的玩笑，相信你的人際關係從此會變得精采富足。

傑克在路上遇到了一位行事作風非常矯情虛偽的神父，由於這神父外表長得十分抱歉，讓傑克忍不住想嘲諷他的長相。

這天他對著神父說：「神父啊！你天天讚美上帝，該不會是為了報答祂給了你如此英俊面貌？」傑克強忍著笑意說。

神父當然聽得出傑克的嘲諷，只見他頓了一下，然後高傲地說：「我知道自己長得不怎麼樣，不過，至少上帝賜給我的知識和你的頭髮一樣多！」

「喔！真是這樣嗎？」傑克聽了不禁冷笑一聲，隨即便見他伸手住頭，腦袋上的毛髮就這麼被抓了下來。

「神父哪！我可是個禿子喔！」傑克大方展示他光禿的頭頂，然後大笑著離開。至於神父，則滿臉尷尬的站在原地，看上去十分氣惱。

生活之中，總有各式各樣的人，要說他們壞卻又不是太壞，要說他們好卻又似乎不是那麼和善，前者就像故事中的神父，後者則如傑克。

類似的針鋒相對在你我身邊經常得見，或許我們也都曾經這麼做過，那種類似玩笑式的互動，很多時候反而經常對人造成傷害。

也許傑克的最後一擊十分成功，但若是從人際互動上思考，喜歡或是不喜歡一個人總是因人而異，當社會潮流走向偏激的個人主義時，這種幽默可是一點也不可愛，也不值得學習。用話傷人簡單，可是之後若想用好話縫合兩個人的關係，恐怕並不容易！

因為，人與人之間的信任感與友善情意一點也不容易累積，有多少原本關

係緊密的人心，竟只是為了一句無心話語而撕破碎裂？

對人要少一點針對，生活要少一點歧視和算計，如此一來，才能得到人們真心相待，即使是關係很淺的兩個人，也要能真心以對，不要心存算計，如此才能得到人們的甘心付出。

婚禮剛剛結束，新郎開心地問牧師：「我需要付多少錢給您？」

「喔，這服務我們一般是不收費的。」牧師先是拒絕，但後面卻又補了這一段：「不過……如果你堅持的話，就依您妻子的美麗程度來付錢吧！」

新郎點了點頭，接著從口袋裡掏出了一張一塊美元舊鈔給牧師，牧師接過錢時，忽然轉身掀了新娘的面紗看了看，便把手伸進了自己的口袋裡，掏了一枚五十分，對著新郎說：「來，我得找你五十分。」

笑看神父最後的動作，卻也讓人輕嘆。其中描寫人性的虛偽和矛盾作為十分深刻、真實現實生活中，像這一類的人經常可見。

明明說不收錢，卻偏偏補了一句「看誠意」；明明不想付錢，還硬是做了一個「心不甘，情不願」的掏錢動作，怎不可笑？

既然無心付出就不必勉強自己，不然只會讓自己多得一個難堪；如果那麼想要人們付出，就大方表明心中的欲意，別再矯情作態。能將心中真意誠實地表現出來，反而更能得到人們的體諒。

不想人們猜測不中你心，不想讓人們誤解你情，還是多點「真心」，多多表現你的「真性情」；若是不想被人們有心傷害，若是不想生活中常見人們的敵意，那麼不妨少一點惡意的八卦，少一點針對性的玩笑，相信你的人際關係從此會變得精采富足。

運用幽默智慧化解誤會

> 人際溝通其實一點也不難，只要我們不情緒化，能理性並寬容對人，那麼所有人都會是人際溝通的高手。

懂得幽默的人，知道如何用笑語代替對立；懂得幽默的人，知道如何巧妙化解尷尬與窘迫。

面對人際間的紛紛擾擾，與其爭執、衝突，倒不妨試著發揮機智，用幽默的方式表達自己的意思，如此許多難題都會迎刃而解。

在蒸氣浴室裡，有個男子看見正前方有個背朝著他的人，越看越覺得那個

人的背影很熟悉，好像是他的一位老朋友。

他心想：「來嚇嚇他！」

於是他慢慢的靠近那個「老朋友」的身邊，接著竟狠狠地朝著那個「老朋友」的屁股上打了一大巴掌⋯⋯「啪！」

被打的人痛得渾身顫動了一下，轉過身來！

「天哪！這⋯⋯神父，您好啊！」那人一看認錯人了，尷尬地打了招呼。

他連忙低頭道歉說：「對不起，我以為是一位老朋友，請您原諒我，我真沒想到居然是神父您！」

神父笑了笑，回答說：「沒關係，我的孩子！因為，你打的那個地方不是『神父』！」

非常有趣的化解辦法，體貼的神父沒有指責男子的失禮動作，反而笑看這個尷尬誤會，也聰明寬容地解開這個差點凝結的尷尬氣氛，其中的包容寬大，正是我們應當學習的重點，學會聰明笑看生活中這些「意外」的小插曲。

可以得到人們的體諒並包容自己無心的過失，能讓人在生活中能多感受到一些溫暖；反之，若是對方不能即時反應並替我們解圍，只好自己多學學臨機應變的機智。一如下面這位聰明的空服員的反應。

一位空服小姐在機上看見一個有點熟悉的臉龐，心想：「咦，那好像是二伯耶？我怎麼不知道他要搭機呢？」

正忙於整理事物的她，決定等會空兒抽空去和這位許久不見的長輩打聲招呼。等到發點心的時候，她推著餐車來到那位看似「二伯」的座位邊，卻見他正在休息，於是她用老人家慣用的台語輕喚：「二伯……二伯……」（發音似二八）。

不一會兒，那「二伯」睜開了眼睛，並困惑的看著這個空服員，在此同時，女孩才驚覺認錯人了，但「二伯」已經叫出口了，眼前尷尬要怎麼解呢？

忽然女孩靈機一動，再用台語叫號：「二八、二九、三十，喔，不好意思，吵醒您了，我們要點數人頭，好去準備點心。」

這是可以多元學習語言的趣味，因爲讀音相近，也因爲意思不同，這些字詞確實給了不少人發揮想像的空間，好像故事中的空服員，運用機智轉「二伯」爲「二八」的趣味，讓我們深刻感受到。

不論是華語還是台語，不論是英文字音，還是日文讀音，我們可以東西合併，也能借不同方言的字音引喻，不只能讓人思考更加靈活，也讓人和人之間的溝通多一點潤滑作用。

幽默是人的情感的自然流露，可以直接讓對方卸下原有的心防，甚至可以像潤滑滑油一樣，緩和潤原本僵持對立的氣氛。

在這個紛紛擾擾的時代，人與人之間充滿著爭執、衝突、競爭、交戰，許多無謂的爭執衝突，都是溝通不良引起的，這時就需要適度的幽默！

人際溝通其實一點也不難，只要我們不情緒化，能理性並寬容對人，那麼所有人都會是人際溝通的高手，也都會是成就和善社會的重要功臣。

情緒失控只會讓事情更加嚴重

不是重重反擊就能得到勝利，也不是情緒反應就能把人嚇住，只要不被情緒煽動，我們自然能想出一個絕妙的反擊方法。

有個小偷忽然將手伸進貝利的口袋中，敏銳的貝利一發現，連忙伸手將那小偷的手抓住，然後氣憤的看著這個小偷。

沒想到小偷十分鎮靜，還笑著說：「喔，對不起，這裡實在太擁擠了，我錯把您的口袋當成了我的口袋啦！」

「是這樣嗎？好，沒關係。」貝利微笑著放開了小偷的手，但旋即冷不防賞給他一個大耳光：「啪！」

「你⋯⋯」小偷痛得瞪著他，只見貝利仍帶著微笑說：「喔，真是對不起，

我看著你的臉，還一直提醒自己那個人是你，卻不知道怎麼了，還是誤把您的

臉當成了我的臉。」

貝利機警反應，保住了自己的荷包，但隨即的情緒反應，雖然狠狠給了小

偷一個巴掌教訓，卻也讓人不禁為他捏了一把冷汗，因為他逮住小偷偷竊的手

並不明顯，但給了對方一個摑掌，卻是引人注目的大動作，不知情的人只看到

貝利打了人，卻不知是因為「小偷」先動手偷錢。

再想想，若是對方控他傷人，現場那些目擊者不反成了小偷的「證人」？

其實，給人教訓有許多方法，不是重重反擊就能得到勝利，也不是情緒反

應就能把人嚇住，好像下面這個故事。

有個出身富庶之家的中年男子，這天在街上閒逛，走著走著經過了一間珠

寶店，當他正要走過時，忽然從窗口撇見店內天花板上有個非常華麗的水晶吊

燈。於是，男子又折回店門口，然後走進店裡向售貨員詢問：「請問，那個水晶吊燈要多少錢？」

售貨員看了看眼前穿著簡單的男子，心裡判斷著：「這傢伙看起來一點也不怎麼樣，哪有本事買下這個水晶吊燈？肯定是個無聊人來裝闊！」

售貨員心中偏見一起，對男子更是不屑一顧，甚至連開口應付的意願也沒有，只見他對男子不睬不睬，臉上還出現了嫌惡的表情。

那男子又問了一回，卻始終得不到售貨員的禮貌回應。

忽然，男子舉起手中的枴杖，跟著竟是猛力的朝著天花板上的水晶吊燈重重敲擊，只見那水晶吊燈上妝點的琉璃登時碎落一地。

然後，男子回頭對著被此舉嚇得目瞪口呆的售貨員說：「現在，我可以知道這吊燈的價格了嗎？」

把水晶燈打碎，看似讓男子得到了情緒宣洩，也重重回報了售貨員的歧視以及冷漠的態度，但再轉念一想，做這個動作的主角可一點也沒有佔得便宜呀！

美麗的水晶燈就此破碎損毀，同時也折損了這位有錢人的身分地位，原因

無他，君子一旦與小人爭鬥，一般情況是，人們對小人早已否定，無論結果如

何，也不會增加人們對他的肯定，然而君子表現出的爭鬥醜態，忽然臉色大變，

工於心計，那與人們平時的觀感肯定要出現落差，人們自然對君子所爲無法諒

解，苛扣其分數當然也在所難免的了。

若因此而使我們失去的反而比得到的快感多，那不是太得不償失了嗎？

其實，挽回面子的方法很多，擊敗對手的技巧也很多，只要不被情緒煽動，

不用情緒化的動作，我們自然能想出一個絕妙的反擊方法。

好像我們大可不必衝動地把水晶燈打破，只要自在的走出門，然後靠他在

地方上的聲望與地位，向人們傳播該店員工服務態度之差，那麼還怕該店老闆

不親自帶著該名員工登門道歉！

又好像貝利，何必給那小偷一個巴掌呢？大聲對著人們說「他是小偷」，

並提醒現場是否其他受害人，然後再把他扭進警局，給他這樣的教訓是不是更

具積極的作用？

亂開玩笑，後果難以預料

快樂難求，帶動積極的生活態度很不易，只要有一點角度偏差，情緒錯放，人們的心便很容易跟著失去了方向。

旅人正在向親友們講述他剛完成的旅程。他說得口沫橫飛，還誇張地說了這麼一個經歷：「當時，有好幾個印第安人把我團團包圍，那情況真是可怕極了！你們知道嗎？我左面站了一個印第安人，右面也站了一個印第安人，前面一樣站了一位印第安人，後面當然也有個印第安人……」

「天哪！他們想做什麼？」

「當時你心情怎麼樣？」

「後來是怎麼解圍的呢？」

大家七嘴八舌地追問，沒想到旅人的答案卻是：「後來，我買了一件他們向我推銷的皮革，這才突破他們的包圍。」

「呿！」一群人聽到這兒，忍不住給了他一個噓聲。

看完了故事，你是否也忍不住跟著人群笑著給主角一個噓聲呢？

可仔細想想，生活中像這樣用語誇張的人物好像還蠻常見的，他們習慣一開始就故弄玄虛或虛張聲勢，不只努力想釣人胃口，還拼了命想要吸引更多人的目光。雖然這法子十分管用，但如果使用過量，恐怕人們從此對這一類人說的話都要打折了。

就對人的信任度而言，這其中總是弊多於利，想一想，如果人們再也不相信我們所說的話，我們又如何重新獲得人們的信任呢？

再思考那些被誇張演說所吸引的人們，他們心裡是抱持何種想法？看看下面這個例子，相同的誇張開始，相似的無厘頭結局，讓人不禁對一開始便抱著

信任且高度興趣的聽眾感到憂心。

有個男子神色自若走進一間酒吧，冷靜地對女服務生說：「吵架之前，請給我一杯可可！」

女服務生一聽，趕忙遞給他一杯可可，但過了幾分鐘之後，那個人卻一點動靜也沒有，女服務生心想：「是開玩笑的吧！」

但就在她轉念猜想的時候，那個男子又叫來女服務生說：「吵架之前，麻煩先給我一份牛排和炸薯條。」

女服務生聽了，心想：「想等飽足後再大幹一場嗎？那他的仇家呢？」

這女服務生左右張望了一下，然後趕忙去將這「老大」要的餐點送來。

就這樣又過了十分鐘，現場依然什麼事也沒發生，女服務生忍不住好奇上前問道：「先生，你一直說要吵架是怎麼回事啊？到底什麼時候會發生呢？」

男子吞下最後一塊牛肉，然後笑著說：「馬上就開始了！」

「真的嗎？」女服務生還是有些懷疑並且開始有點緊張了。

就在這個時候這男子這麼補充：「因為……我沒有錢付帳啦！」

這若用於影視劇情倒還情有可原，畢竟挺有戲劇效果的，但是若發生在現實生活中，恐怕有許多地方有待檢討。

例如，這幾年新聞記者在報導新聞時，單純的事件總被誇張地加油添醋，問題核心常常失了焦。

這種行徑就像故事中的女服務生一般，只顧著提供男子所需要的東西，卻不想探討問題的核心，反而以有些八卦又好事的心態等待著爭執的發生。

面對這種狀況，我們又怎能怪環境變壞了呢？

試想，若不是人們多事把問題複雜化，若不是人們老想著多添點話題新聞來娛樂，社會又怎麼會如此糟亂？

想增添生活的趣味，誇張故事情節不失是一個好方法，只要無傷大雅，只要是趣味自嘲，我們當然可輕鬆笑看。可是，如果像第二則故事一般，想著的卻是「鬧事」或製造社會的不安，我們便得嚴肅思考。畢竟，很多時候這一類

情況到走最後經常是傷人的結果。

想要提昇自己的處世競爭力，做人做事一定要講究策略和技巧，幽默的話語不只可以替自己解圍，同時也可以是輕鬆溝通的工具。

幽默要用在對的地方，我們可以用來增加生活趣味，可以用來軟化人心的冷漠，但切莫用在製造社會緊張與人心鬱結的事件上。因爲快樂難求，帶動積極的生活態度很不易，只要有一點角度偏差，情緒錯放，人們的心便很容易跟著失去了方向。

態度謙卑，讓事情圓滿解決

很多時候，卑躬屈膝不代表我們受了委屈，而是對工作的一種負責態度，想讓事情圓滿解決，讓工作任務能早一點達成。

有個鄉巴佬花了大半輩子很辛苦的存了一筆錢，今天他決定要好好的犒賞一下自己，方法是到大城市裡尋找新體驗，而他第一個想體驗的便是到著名的大飯店裡住上一晚。

計劃實行的那天，他一走進飯店大廳，便聽見他驚呼連連：「哇！這大廳如此漂亮豪華，真不愧是城裡的飯店！」

跟著服務人員的腳步，他來到櫃台辦理住宿手續，然後他按著服務員的指

示，興致勃勃地朝著夢想中的飯店「大套房」走去。

沒想到，服務人員才剛轉身接完電話後，卻見那鄉巴佬氣沖沖跑到他的面前，很不客氣的質問：「我不住了！那是什麼鬼房子啊！我花了那麼多錢，你們居然給我那樣的房間，比我老家還差的生活空間，那看起來只有碗櫃那麼大，最多也只能放一張折疊椅，什麼嘛！快退錢，我回家睡還比較舒服！」

服務人員一聽，看著他指的方向，差點沒笑出聲，只見他忍住笑意，解釋說：「喔，先生，您搞錯了，那是電梯！不如讓我帶您到您的房間吧！」

儘管鄉巴佬賣弄聰明鬧笑話，但怎麼說都是第一次，出錯也情有可原，反觀服務人員有禮的態度和專業的解釋，才是值得我們討論的地方。

服務他人原本就不該分角度，該低頭的時候要謙卑低頭，被要求抬頭的時候就抬頭仰視，無關人格問題，只是專業的「服務態度」。

真正優秀的服務人員始終不會忘記「謙和的態度」與「服務的精神」，一如故事中的飯店服務員，不只沒嘲笑對方，還主動提出帶路的建議，這或者正

是大飯店成功的原因吧！

他們嚴格要求員工要有服務的精神，讓所有顧客都能有賓至如歸的感受，而這也正是職場中人人應該培養的工作態度。

不過，偏偏有些人的工作態度卻難以如此，好像下面這位女行員的工作態度，應該許多人都曾遇見過。

一走進銀行大門，便看見古小姐正坐在入口處，這個位子看起來很不錯，但對古小姐來說卻令她非常討厭，因為許多人一進門便找她詢問。

久而久之，古小姐實在不勝其煩，那張臉也越來越像晚娘的面孔，直到有一天，她突然想到了一個妙計。

第二天，便見她的桌上擺放了一個「此處非詢問處」的牌子，這告示寫得非常清楚明白，古小姐心想：「應該都識字吧！」

但是，每個上門的客戶依舊向她詢問，只是問題只有一種：「小姐，請問詢問處在哪裡啊？」

以為「責任」可以推開，沒想到最後還是得由自己擔，那多此一舉的告示牌，或許更顯示出這位女行員面對工作的態度。

生活中我們不也常見像這樣「不耐煩」的面孔，或者在你我之中，有人也正抱持著類似的工作態度在生活？

那為何不能給自己一個快樂工作的氣氛呢？沒有一個工作是不需要接觸人群的，很多時候，表現謙卑不代表我們受了委屈，而是對工作的一種負責態度，想讓事情圓滿解決，讓工作任務能早一點達成。

簡單來說，只要我們心裡不覺得委屈，而是可以微笑迎接，包容面對，那麼工作之於我們，都是享受生活的機會。一如故事中的女行員，如果她不斤斤計較多得的工作負擔，而是能快樂付出，也專業服務，相信漸漸的她會發現：

「原來，跨向成功的機會就在這人群之中！」

活用幽默，才能讓人伸出援手

無論在多失意的情況中，都要自己力圖振作，只要我們活用幽默，人們自然會樂於伸出援手。

有個旅人獨自一人徒步旅行到了巴黎。一路上非常順利，不論到哪個國家或城市，幸運的他都得到不少陌生人的幫助。

然而，來到巴黎時他身上原本就不多的旅費至此用罄，連填飽肚子都成了問題，更別提今晚要住的地方了。

他滿臉茫然地在巴黎街上四處遊走，眼看夜越來越深，嘆了口氣：「沒地方睡覺，這可怎麼辦？」

就在他苦悶煩惱的時候，有個打扮妖嬈的女人走近他身邊，輕挑眼眉地對

他說：「你，願不願意跟我一塊兒找個睡覺的地方呢？」

旅人一聽，心想：「我真是太幸運了，一路都有貴人幫助！」

他開心地點了點頭，直說：「當然好，謝謝妳啊！」

旅人滿心感動地跟著女郎走進一家旅館，總算舒舒服服睡個大覺了。

第二天早上，他非常滿足地醒來，還朗聲跟女郎道早安。女郎笑著回應：

「早啊！那錢⋯⋯」

「錢？喔，不用了！錢我是不會收的。妳慷慨地收留我一晚，已經讓我十

分感激了。」旅人客氣地說。

笑看旅人涉世未深的回應，不禁讓人懷疑，他真是真不知情，還是有心要

賴？但無論如何，這女郎始終是陪了夫人又折兵，因為旅人身上的錢早花光了，

想逼他掏錢付這一夜住宿費，包括一夜魚歡的代價，看來是不可能的了，真要

怪，女郎也只能怪自己「不懂識人」。

然而，若再從旅人的角度思考，其實每個人都會有需要幫忙之時，只是我們該怎麼做才不至於被人們否定，被斥為要賴？

再舉一反例來對照參考。

一名流浪漢向房東詢問：「請問，您這裡有房間要出租是嗎？」

「是的！」房東點頭。

那流浪漢又問：「不知道，原來住在那裡的房客是個什麼樣的人呢？」

只見房東憤憤地說：「哼，是個住了大半年也付不出房租，最後被我用掃把趕出去的傢伙。」

「很好，那我願意以相同的條件和對待搬進來住，可以嗎？」流浪漢說。

「……」房東無言以對。

想當然爾，房東是不可能答應流浪漢的提議的。只是像流浪漢這樣臉皮厚的人，在這現實社會中似乎還挺多的，好像常見的假殘障，他們假裝哭假殘扮可

憐，還會逼著我們伸手幫助，若是拒絕了，有人還會被斥責沒有良心。

一味只想得到人們的幫助，卻不思自己該怎麼付出的人，價值觀是受人質疑的。然而，就像第一則故事中旅人的情況，任何一個人在人生路上確實會有需要接受別人幫助的時候，這時若不能丟開面子問題，若不能低頭請求，一旦挺不過難關，不過是讓自己白白犧牲罷了。

我們不妨這麼思考，無論在多失意的情況中，都要自己力圖振作，只要我們不放棄，人們自然會樂於伸出援手。

其實，求援需要的技巧不多，除了活用幽默之外，更重要的是，當我們面對困難時是否有決心突破，是否能讓人相信，他們對我們的這份幫助不會白費？只要答案是肯定的，終有一天，他們會看見我們成功走出難關，這就是對每一個幫助過我們的人最好的回報。

懂得幽默回敬，
才算眞正聰明

處世要能多元運用，待人接物也要能多變
通，畢竟人是多樣的，面對不同的人，要有
不同的對待方式。

靈活運用說話技巧，成效會更好

轉個彎說話，不必明說也能讓人得到啟發，不必點破也能讓人聯想到問題的核心，這些正是聰明人解決問題最常用的技巧。

導遊正帶著一批旅客參觀一間古堡，走到很長很深的地道裡時，一群人在地道內發現了好幾具骷髏。

「天哪！怎麼有這麼多骷髏，這裡到底怎麼一回事？他們生前是做什麼的？」一位旅客好奇的問導遊。

只見導遊聽了，似笑非笑地回答說：「我想，他們一定是那些捨不得花錢請導遊的旅客吧！」

到底骷髏是否真因為迷路所以喪命，大概只有骷髏們自己知道，不過導遊藉機把握行銷生意，聰明的人一聽就知。

其實，人們對於太直接的要求或明示，往往感受較強烈，如果不顧及當事人的感覺，很容易讓人產生誤解或不良的印象而遭人拒絕，所以說話的時候要借風駛船，轉個念頭，便能乘風而行！

就像故事中聰明的導遊不多說其他恐怖傳聞，而是輕輕開了亡者一個小玩笑，也輕鬆的給了旅客們一個記憶觀念：「如果想進古堡探險，還是找個專業的導遊陪伴吧！」

轉個彎說話，即使不必明說也能讓人得到啓發，讓問題不必點破也能讓人聯想到問題的核心，這些正是聰明人解決問題的最常用的技巧，好像下面這位教授的趣味引導。

有一間基督教大學每年都會將應屆畢業生的合影掛在學生活動大樓內，並

且還會細心地在每個班級的鏡框旁，貼上最符合該班精神的《聖經》章節來作

輔助說明，並給予同學們訓勉。

這一年也是如此，某個畢業班的同學便問教導他們的教授：「教授，您覺

得我們要引《聖經》中哪一章節來代表我們班的特質呢？」

「第十一章三十五節。」教授毫不猶豫地回答。

同學們一聽，一個個急忙翻開《聖經》，找到了教授指出的那一節，上面

寫著：「耶穌在哭泣！」

教授不說重話，不多給訓辭，而借耶穌的眼淚讓學生們省思，這些年來教

授對他們的失望，從中或者更能引人深深自省吧！

人和人之間溝通原本就很耗費心力，確實需要我們多動腦發揮一些幽默感，

畢竟，要能關照對方的自尊心，同時還要讓人肯聽進耳朵裡，那可不是隨口說

說就能收到成效的。

好像第一則故事一般，擺進了過分恐怖的傳說，雖然能挑起人們的好奇心，

可是若拿捏失了分寸，最後只會出現反效果，從此再無生意上門。

至於教授的暗示借用，確實能數到極佳的效果，感性的「眼淚」形象，不只軟化了學生們的心，也潛入了同學們的思考裡，相信受教的人會從中認真體會到：「就要出社會了，再也不能像學生時一樣怠惰、散漫了，要積極面對未來，好讓教授能對著我們笑！」

明白其中寓意嗎？

那麼下一次，當你們遇到了相似的難為情況或獨特需要時，希望能妥善運用機智巧妙的幽默對答解決一切難題。

多用微笑，應對進退更美妙

> 幽默的人比較受歡迎，無論在什麼環境中，我們無時無刻都會與人接觸，而這些人會是阻礙還是助力，端看我們怎麼面對，又是怎麼看待。

愛看偵探劇的漢克，很喜歡緊盯著表演內容，猜測誰才是真正的兇手，不管是演員們的台詞，還是戲劇進行時的可能伏筆，他都會極其用心且細心地記下並思考。

這天，他跑去看一齣名叫〈街角謀殺案〉的偵探劇。服務生引著他到座位上時，台上的戲正巧開演。

這時，已經準備投入觀戲的漢克，卻聽見服務生問：「先生，您對這個座

位滿意嗎？」

「滿意，謝謝！」漢克匆匆回應。

「好，那讓我把您的帽子送到衣帽間吧？」服務生說。

「不用了，謝謝！」漢克不耐煩地揮了揮手，示意要他離開。

但不知道為什麼，那服務生似乎不明白漢克的意思，緊接著又小聲地問道：

「需要節目單嗎？」

「不！謝謝！」漢克壓抑著情緒回應。

「這裡有送劇照！」服務生拿出劇照給漢克。

「謝謝！」漢克接過後，禮貌地回應。

「要不要望遠鏡？」服務生問。

「不！」簡短的回應，顯見漢克的情緒已一觸即發。

但這服務生完全感受不到，只見他一會問漢克要不要餅乾，一會又問他要不要喝香檳。

劇情漸進高潮，漢克被這服務生搞得完全無法專注觀戲，於是又氣又急地

回了一句：「什麼都不用了，你快給我滾！」

殊不知這服務生原來是在等待小費，當他發現漢克根本不想給後，當即想出報復方法，只見他伸手指向舞台中央，然後在漢克耳邊恨恨地說：「凶手就是園丁！」

如此情緒化、毫無幽默感的回應，你覺得好嗎？

為了拿到小費，讓服務生失去專業素養，這其中影響到的不只是他個人，還包括了對公司劇院形象的傷害。

身為服務生卻惡狠狠地剝奪了客人的推理樂趣，相信沒有人會給這樣的服務肯定的聲音，畢竟服務業本該以客為尊，過份的情緒表現只會讓人看見從業者的不適任，以及修養不足。

也許有人會覺得，服務生的出發點只在爭取自己的權利，並沒有錯，但方法有很多種，聰明的人可以有更聰明的選擇，以及幽默的做法，，好比下面這位空姐的表現。

從紐約飛往日內瓦的班機上，有個男子不斷地戲弄、騷擾一名女空服員。

儘管其他人都認為錯在那名乘客，但這名女空服員仍然很敬業且專業地服務，甚至非常耐心地回覆他一再提出的無理要求。

突然，這名旅客對著她咆哮起來：「妳是我所見過的空服員中，理解力最差的一個。」

女空服員聽了，一點也不生氣，帶著微笑說：「謝謝批評，請相信我，您是我所遇見的乘客中，最可愛的一位。」

女空服員說完，正準備離開，忽然轉頭送給男子一個很甜的微笑，跟著補充了這麼一句：「不過，也有可能我們都弄錯了。」

不必怒顏以對，不必惡言出口，微笑地反問回應，也幽默地引導反思，極其漂亮地為自己爭回面子與尊重，不是更好嗎？

服務業原本就是以客為尊，但人原本就多元且不同，所以聰明的服務者不

會只套用一種公式，而會靈活地視當下情況變通，以爭得最好的口碑。

幽默的人比較受歡迎，不管是服務工作也好，或著是在其他崗位上，都應該懷抱幽默的工作態度，因爲無論在什麼環境中，我們無時無刻都會與人接觸，而這些人會是阻礙還是助力，端看我們怎麼面對，又是怎麼看待。

工作環境是修煉自己的最佳場所，在工作場合中來來去去的人都會是我們的對手，但也都會是你我的貴人，能讓我們體驗多元的人與事。

所以，面對各式麻煩的人事時，應該先學會幽默的智慧，再微笑應對或應付，然後慢慢地，你會發現，原來顧客或老闆、同事，就像一群大孩子，一點也不難哄騙。

現在，讓我們一起翻開本書，感受幽默的趣味與魅力。

適度諷刺不肯付出的人

對於那些不肯付出只知坐享其成的人，我們要逼著他們改正錯誤的生活態度，不應該一味地施予。

某處村莊，有很多懶惰的流浪漢常在街上乞討，他們不打理自己，也不工作賺錢，總是厚著臉皮伸手向人強索東西，百般無賴地向人追討。若是人們不給，他們便不放手讓對方離開，即使罵他們打他們，他們也一點都不在乎。

其中有個乞丐一天到晚到朱哈家光顧，這天，他又來敲門，朱哈走了出來，一看見又是那個流浪漢，不禁板起面孔，冷冷地問道：「你來幹什麼？」

看見朱哈的冷眼，流浪漢忽然臉色一變，以非常嚴肅正經的口氣說：「我

是真主的客人。

「原來是真主的客人，請跟我來。」朱哈說完，便要流浪漢跟著他走。

兩個人就這麼一直走到附近的一間清真寺門口，接著，朱哈轉身對著流浪

漢說：「真主的貴客啊！這裡才是真主的家。」

正醒悟，又是另一個疑問。

好逸惡勞的人鮮少懂得自制自律，就算來到真主面前，到底有多少人能真

其實，人們之所以走上歧路，多是因為不肯付出辛勞，不願用自己的勞力

換取所得。朱哈的舉動雖然表達了嘲諷，可是看著犯罪率居高不下也不是辦法，

我們應該想個更積極的對策來解決問題。

據說曾有某個地方的犯罪率一夕之間劇減，這個情況讓不少人感到好奇，

各界在仔細探究之後，終於查出原因。

原來，當地監獄貼出了這樣一則公告：「舉凡因為犯罪或有犯罪嫌疑而送

入本處所者，從今日開始，食宿費用一律自行負擔。」

看到這則公告，你是否會忍不住鼓掌叫好？

曾經聽過這麼一則笑話：有個中年男子到某間便利商店偷東西，但是他和一般竊賊不同，拿了東西之後沒有立刻逃跑，反而坐下來，慢慢地把東西吃完，安靜地等著警察出現。

警察看見他後，第一句話竟是：「怎麼又是你啊？」

原來，不肯用心找工作的中年男子，認為獄所裡有住有吃，吃不了苦的他為了再過「好日子」，便再度犯罪。

將這則笑話與前段事例相連結，似乎找到了一個可行的犯罪防治法。

權利義務要平均分擔，對於那些不肯付出只知坐享其成的人，要逼著他們改正錯誤的生活態度。我們不應該一味地施予，而要杜絕乞者的貪婪索討，然後更進一步建立他們積極生活的能力與自信。

身段柔軟並不丟臉

幽默地承認自己的錯誤吧！低頭道歉並不丟臉，身段越柔軟，我們越能擁有和諧的人際交流與合作關係。

在某個法庭上，法官詢問被告說：「你不但偷錢，還拿了人家的手錶、戒指和珍珠項鍊嗎？」

被告相當冷靜地點頭回答說：「是的，法官大人，因為人們經常這麼對我說：『光是有錢並不會得到幸福的。』」

的確，不是有錢就能買到幸福，換句話說，我們可以這麼譏諷小偷：「眞

正的幸福是偷不到手的。」

犯了錯就是犯了錯，理由再充裕、藉口再多也無法掩飾，更何況眼前呈現的是不爭的事實，應負的責任更避免不了，就像下面這一則故事一樣。

有一天，田裡忽然出現一隻很兇猛的狗，朝著一名農夫直撲過去。農夫見狀，隨手舉起手中的叉子回擊，沒想到惡犬竟一頭叉了進去，鮮血直流，不一會兒便死去了。

後來，狗主人知道狗是農夫殺的，便提出告訴，要法院還自己一個公道。

「大人，他叉死了我的狗，您一定要重判他！」狗主人氣憤地說。

法官看著被告，問道：「你為什麼不把叉子倒過來呢？如果你能用沒有鋸齒的那一頭來回擊，不就沒有事了？」

農夫滿臉無奈地說：「法官大人，如果當時那隻狗是倒著向我撲過來的話，我一定會那樣做。」

從這則幽默故事中，你看見了什麼道理？

無論自己抱持的理由多麼正當，在處理事情時，我們始終得就事論事，不能感情用事。換句話說，在處理人和事時，絕不能將不同的事物混為一談，否則很容易偏離問題的核心。

法官問勃拉溫：「先生，你是不是經常對著自己養的狗叫喊『施密特』？甚至還經常對著狗說『喂！施密特，你這個大壞蛋』？你知道嗎？這行為是很明顯地侮辱了你的鄰居施密特先生。」

沒想到勃拉溫卻抗議道：「法官大人，您誤會了，我這樣做，其實是想羞辱一下我的狗。」

勃拉溫提出的理由，其中滿滿的情緒化回應，直接證實了他確實有心譏諷鄰居。又像農夫以叉子殺死惡犬的情況一樣，雖說是為了自衛，但終究殺死了狗。既然有錯在先，自當負起責任，不要一味強辯。

這些故事的寓意，便是要告訴我們，凡事要能勇於認錯，無論當時的背景情況如何，也不管當下有多麼強而有力的理由，結果是錯的，就不必多找藉口，先承認自身有錯在先最重要。

就好比第二則故事中的農夫，如果他能在第一時間承認：「是的，我殺了您的狗，請原諒我。」也許，對方會因為誠懇的態度而選擇原諒，願意理解並包容農夫一時慌亂失手的結果。

眼前，你有難解的人際問題嗎？何不反求諸己，仔細想一想是否自己有錯在先，再試著鼓勵自己勇於承擔錯誤？

幽默地承認自己的錯誤吧！低頭道歉並不丟臉，身段越柔軟，我們越能擁有和諧的人際交流與合作關係。

再多掩飾也無法取代真實

面對生活、工作，不論有再多的包裝遮掩或偽裝修飾，我們最後還是要面對真實的自己。

「在正式上台表演時，請您一定要準備真的珍珠項鍊讓我配戴。」女演員非常堅持地說。

導演聽後，聳了聳肩膀道：「那好吧！今天這場戲中所有的道具我們全換成真的好了，第一幕的珍珠項鍊是真的，街道上的樹也用真的，椅子當然也會是真的⋯⋯哦！當然最後一幕，你們要吞服的毒藥也會換真的！」

表演者爲了能更貼近觀眾、說服觀眾，總是力求逼眞，無論是服裝、背景或是劇情設計，無不竭盡所能地將之眞實呈現。

一般來說，演員們要求的「眞」，是像下一面這個例子。

有一天，導演相當興奮地對德隆先生說：「德隆先生，你扮演的傷兵角色眞是維妙維肖啊！特別是臉上流露出的痛苦表情，實在太逼眞了，你的確是個非常專業的表演者。」

沒想到德隆先生竟說：「當然逼眞了，因為在演出前，我預先在鞋底放了一枚圖釘啊！」

導演一聽張大了雙眼，臉上滿是佩服的神情，接著不忘提醒他：「原來如此！你眞不愧是位專業的演員，不過再來要拍攝奔逃的那一幕戲，你可千萬要記得把那玩意兒丟掉。」

一個是要求「眞實的治裝」，另一個是要求「逼眞的演技」，兩名演員的

目的都一樣，同時對於「專業」的認知也一樣有所不足。

這就像報上曾經報導的，一位女作家為了能將援交女孩們的感受和生活情況真實呈現，竟親自披掛上陣，親身體驗援交的生活。這理由看似合理，可是真有必要如此嗎？

正如第一則故事中女演員提出的要求，許多人總是想盡辦法給自己一個理由，用來強化「犯錯」的藉口，然而再好的藉口也會出現破綻，畢竟「錯」並不會因為包裝精緻而變成「對」。

換個角度想，當女演員脫下「珍珠」，當德隆丟掉「圖釘」，當女作家回歸正常生活後，眼前的真真假假，對他們來說，不也成了「遺憾」和「空虛」的同義詞嗎？

無論是想借題發揮，還是藉物寄託，我們最終還是要誠誠實實地面對自己，所以在導演幽默地提醒德隆要拿出圖釘時，我們也讀到了其中的告誡：「戲劇只是一種生活或生命的仿製，並不可能完全取代真實的人生，面對生活、工作，不論有再多的包裝遮掩或偽裝修飾，最後還是要面對真實的自己。」

懂得幽默回敬，才算真正聰明

處世要能多元運用，待人接物也要能多變通，畢竟人是多樣的，面對不同的人，要有不同的對待方式。

在好萊塢的某座片廠內，一名女明星和導演大吵了起來。

只見女明星歇斯底里地對著導演大吼大叫：「你處處都在針對我，我知道你討厭我，恨不得我趕快去死，然後好對著我的墳墓吐口水，對吧？」

「放心，我沒那閒工夫去排隊。」導演冷冷地回答。

這名導演漂亮地反唇相譏，幽默且犀利，譏諷得女明星無話可回。

遇到強勢又無理的人，常有人選擇沉默離開，或許這是避免無謂爭吵的唯一辦法，但是，碰上那些會順勢軟土深掘、得寸進尺的人時，唯有適當的反擊，才不致於使自己成為一再被欺壓的目標。

在英國，人們聽見喬治‧傑佛里斯的名字，無不露出厭惡的神情，因為他經常對犯人做出慘無人道的判決，讓許多人深感不滿。

這天，他怒目對著一名犯人，並以手杖指著他說：「你這傢伙！要知道，我的手杖指的一頭，必定是個惡棍。」

沒想到犯人竟揚起了下巴，直直地盯著傑佛里斯的眼睛，說：「大人，請問您所指的到底是哪一頭啊？」

「你認為是哪一頭呢？

我們常說惡人無膽，是因為他們一遇到比自己更兇狠的人，便逃得比誰都快。所以碰上有心機的人，我們其實不必太擔心遭人計算，因為無論怎麼算計，

還是會出現遺漏與盲點。若想給對方一個教訓，只要耐心尋找，必能找出其中死穴，伺機反將一軍。

也許有人會質疑，處理現實生活中的這些麻煩時，沒必要凡事硬碰硬。確實，我們當然可以避免，只要你看得開，而且懂得一笑置之。

若心中感覺到不滿、憤怒，適度反駁回擊其實並不為過，因為確實會有人是吃硬不吃軟，不適時回敬，便認定你是個好欺負的人，得寸進尺。

聰明如你，一定知道處世要能多元運用，待人接物也要能多變通，畢竟人是多樣的。面對不同的人，我們要有不同的對待方式，唯一要遵循的宗旨，就是幽默的態度。

用幽默的方式表達自己的意思

幽默的表達方式不是只為了找出答案，更富含了我們的生活態度。活絡自身的思考智慧，才能得到趣味的人生。

多聽聽別人怎麼說，多看看自己怎麼想，生活重在思考與活化。

只要我們能經常動腦，即使思路誇張得讓人無法置信也無妨，因為當中必能引出其他智慧巧思。

尊重別人的思考邏輯，也應多肯定自己的思考道理，只要一切目的是朝向正面積極的意義，任何想法都有獨特價值。

老師指著某個學生說：「來，你舉一個文盲的實例，說說怎樣叫文盲。」

同學想了想，說：「嗯，比方說，如果蒼蠅不是文盲的話，牠就不會一再地飛向那些明明寫了『滅蠅』字樣的膠紙上了。」

雖然有些亂掰硬湊，但這答案的思考其實也算有理，正因為牠們讀不懂文字，所以一再地誤入陷阱。那麼，擁有學習文字語言能力的我們，是否懂得更積極珍惜這一切，更加努力呢？

例舉要能讓人明白，才能得到事半功倍的效果，好像下面這位教授的創意舉例，不只幽默有趣，且讓人一聽便懂。

一位富有幽默感、精通印刷的教授，為了使學生瞭解「鉛印」和「影印」這兩種基本印刷方式的不同，特別做了一個簡單的示範。

他先請班上一位女學生到講台前面，然後對她說：「同學，麻煩妳在唇上塗口紅，然後親吻我。」

女同學依言配合，接著，教授指著臉上的紅色唇印，說：「嗯，同學們，這就是鉛印。」

接下來，他從口袋拿出一條白色手帕，將臉上的唇印轉印上。

「你們看，這就是影印。其實與鉛印的效果差不多，不過很顯然的，過程乏味多了。」教授笑著解說。

轉個彎思考，我們想讓人明白道理，想避免溝通有礙，便要懂得聰明幽默地舉例，讓他人清楚明白你想表達的意思，如此不只有助於搭起彼此間的溝通橋樑，更能避開使我們擔心的溝通誤會。

再更進一步思考，影印就像人與人之間的溝通，一味地轉印，最後必會印不出清楚的圖片文字，此時若是不能確實將問題找出修正，便會造成錯誤，帶來不必要的傷害。

所以，幽默的表達方式不是只為了找出答案，更富含了我們的生活態度。

活絡自身的思考智慧，才能得到趣味的人生。

幽默將兩性距離更拉進

聰明幽默地活用生活之道，你我想要的幸福家庭，你我渴求的幸福伴侶，一定能時刻陪在身邊。

男人害怕女人嘮叨，女人苦惱男人不體貼，各有各的擔心，也各有各的煩惱不滿。然而，仔細思考其中存在的問題，不過是不懂得為對方著想罷了。

男人想要女人不嘮叨，只需要多付出一點體貼的關心，至於女人們，若想男人多一點體貼，該試著少開口，沉默地給他一個深情的眼神，想要的溫柔回應必然轉眼可得。

哈利夫婦正在河邊釣魚，由於哈利夫人不會釣魚，只好坐在一旁，不斷地對著先生說話。不久，哈利先生釣起了一尾魚，在此同時卻聽見哈利太太這麼說：「唉，這魚真可憐！」

哈利先生聽了，翻了翻白眼，無奈地對著魚兒說：「是啊！要是你肯閉嘴，那就沒事了。」

聽了哈利先生的幽默回應，不知讓你得到什麼樣的啟發？

在這個帶黑色幽默的回應中，我們看見了夫妻之間常見的相處問題──缺乏對彼此的體貼心意，造成了埋怨、不滿。

不妨再看看下面這一例，然後繼續思考，必定更能明白問題所在。

有天，妻子對丈夫說：「親愛的，聽說男人禿頭，是因為用腦過度，你覺得是這樣子的嗎？」

男人點了點頭，說：「當然是呀！妳想想，女人為什麼不長鬍子呢？正是

因為女人們整天喋喋不休，讓下巴運動過度的緣故！」

男人總說女人嘮叨，也害怕女人嘮叨，女人總說男人冷漠，更擔心遭男人冷漠對待。看似全是別人的錯，實則問題根源出在自己的身上。

例如哈利先生的故事，知道妻子不會釣魚，丈夫若懂得體貼，便應當詢問對方的需要，為她安排適宜的休閒活動，那麼妻子的嘮叨自然停歇，兩個人之間也自然會因為多了一份體貼心意，而更見感情增益。

同樣的，女人若期望男人熱情回應，也要知道男人喜歡與不喜歡的事，就喜歡的事多給予支持鼓勵，並減少他們不喜歡的情況。體貼地明白丈夫的心中盼望，聰慧地扮演好另一半的角色，他們自然會懂得回饋以熱情與疼惜。

其實，兩個人相處的道理並不深，我們常聽見的，總是那幾個簡單道理。只要能聰明幽默地活用生活之道，你我想要的幸福家庭，你我渴求的幸福伴侶，一定能時刻陪在身邊。

別用情緒處理事情

幽默一點,別再用情緒解題,也別輕忽了態
度的重要,因為這些都是人們評斷的重要依
據,稍有偏差,便難得敬重與肯定。

設身處地思考，爭執自然減少

過分私心運用，很難有圓滿的結果，若能多替對方著想，自然不會聽見人們的埋怨否定，更不會老與人們產生心結或摩擦。

見天色已暗，英國紳士只好在這個旅遊勝地內唯一的一間賓館投宿。

「對不起，請給我一個好的房間。」紳士客氣地請求。

服務員看了看他，卻問：「你有事先訂房嗎？」

「沒有！」紳士說。

「那對不起，目前房間已經客滿了，無法安排。」服務員說。

紳士一聽，不悅地說：「真的沒房間了嗎？聽好了，如果我說，今晚總統

臨時決定到這裡來住宿，你應該會馬上幫他準備一間客房吧？」

服務員點了點頭說：「那當然啦，他是總⋯⋯」

服務員話還沒說完，紳士便插話說：「好！現在，我將非常榮幸地通知你一聲，總統今晚不會來了！所以，麻煩你把他的房間給我吧！」

這位紳士的思考邏輯真是敏捷又獨特。順著紳士的問題反思，服務生其實已透露出「仍有空房」的情況，不是嗎？

站在商人的立場，或許這預留的動作另有用意，但面對眼前較迫切需要的人來說，這樣的預留動作便顯得有些不近人情了。

商戰場上的規矩本來就因人而易，我們很難得出公正的法則，不過，下面這個例子頗值得我們認真思考。

村裡的婦人們正在活動中心開會，這會議已經進行了三個小時，看起來一時之間還沒法子結束。

這時，有位中年婦女忽然站了起來，然後轉身朝向門口走去，主席見狀，不悅地問：「安娜，妳要去哪裡？這會議還沒結束啊！」

安娜回頭望了望主席，也老大不高興地回答說：「我家裡有孩子呀！我得回家看一看他們。」

這理由是可以體諒，所以安娜便離開了。

之後，會議又進行了二十分鐘，這時又有位年輕的婦人站了起來。

「莎拉，妳要去哪裡啊？如果我沒記錯的話，妳家中可沒有孩子呀！」主席不滿地阻止。

莎拉先是點了點頭，然後淡淡地說：「主席，如果我一直坐在這兒，那我家又怎麼會有小孩呢？」

相似的「不近人情」，相似的爭取權利動作，男女主角都不直指對方的問題，而是轉個彎反駁，讓對方知道生活之中更迫切的問題核心，讓他們知道，不要只懂得照顧自己的權利，而忽略了別人的感受與需要。

走出故事，回想現實生活中的大小問題，類似的情況其實屢見不鮮，不少人和主席或賓館人員一樣，只知照顧自己的需要和情緒，卻忽略甚至是剝奪了別人的利益。遇見這種狀況，就要靈活運用自己的幽默，就好像故事中莎拉的情況，開玩笑說要「回家生小孩」，也指出了會議冗長的問題，讓她浪費了不少能安排的時間？

其實，無論是經商交易或是一般人際互動，過分私心運用，很難有一個圓滿的結果，若能多替對方著想，多站在客人們的角度多作一點考量，自然不會聽見人們的埋怨否定，更不會老與人們產生心結或摩擦。

謙虛面對己過最讓人敬重

學會面對己過，學會承擔責任，一點也不難，更不會因此而折損我們的威嚴或自信。

看看世上那些偉大的人，從未汲營於自己的名和利，卻能得到人們長久的尊敬肯定，方法無他，正在於他們不只懂得謙卑低頭努力付出，更懂得謙虛表示自己的不足處。

此外，犯錯後，他們比我們更勇於面對，因為深切知曉，唯有先看見自己過錯，才能更見未來的進步與人生的坦蕩。

截稿日在即，伯拉教授正忙著完成一篇學術報告。

「親愛的，我的筆放到哪兒去了？」他忽然著急地問道。

妻子冷冷回答：「親愛的，它現在不是正夾在你的耳朵上嗎？」

「耳朵？你沒看見我快忙死了嗎？妳能不能說得具體一點，筆究竟夾在哪一隻耳朵上啊？」教授再次著急地問。

妻子一聽，勃然大怒：「難道你的耳朵沒有感覺？」

看了這段小故事，想必引起女人不少同情，想想遇上這樣不可理喻的男人，還是一輩子的伴侶，誰忍受得了？

聰明的人都知道，把自己的責任往外推，不懂得負責，我們便難自在行走於人生旅途。下面這則故事，在幽默回應中隱含引人深刻省思的道理。

有位老紳士悠閒地駕車在路上兜風，但好心情並未維持太久，由於他誤闖單行道，很快地便被交通警察阻攔下來。

老紳士的車被警車圍住，逼得他不得不把速度降低，直到車子停下來。

交通警察上前問他：「知道我為什麼攔住你嗎？」

「那還用說，我是你唯一能追得上的車呀！」老紳士不滿地回答。

莞爾一笑後，將故事中老紳士的反應對照現實，想想那些經常犯錯的人，不是很像嗎？當遇上自找的意外災禍時，面對悲傷的結果，往往只想著別人的缺失，卻不思己過，反讓自己更陷困厄中。

許多人在面對自己的問題時，都會像老教授一樣，總好怪責別人，卻不思己過，明明是自己的疏失，偏偏要把別人也拖下來負責。

學會面對己過，學會承擔責任，一點也不難，更不會因此而折損我們的威嚴或自信。事實上，懂得承擔己責，面對錯誤懂得反省的人，必然能得人們更加的敬重與肯定。

找答案不如先找解決方法

一件事情當中存在著許多面向，答案從來都不是最重要，重要的是我們在尋找答案的過程中，是否用對了方法。

遇上問題，大多數人都只想著答案為何，卻不知道積極思考解決方法，因而讓事情越來越複雜，越搞越麻煩。

事實上，想得一個答案不難，但能不能把問題解決又是另一回事，正因如此，聰明的人會想辦法讓結果走向自己希望的答案。

有位農夫在城郊附近買下一塊廉價的土地，為了能早日看見收成，簽約後，

便馬上開著耕耘機到田裡工作。

然而，翻土的時候，卻從地底裡翻出了一顆門牙。

「怎麼會有牙？真倒楣！」對某些東西有些忌諱的他忍不住停下來，嘟噥了一句，然後才繼續向前。

前進一百公尺後，竟又讓他挖出了一顆牙齒。

「這真是莫名其妙！」農夫越來越覺得困惑，他再次遲疑了一下，接著安慰自己說：「也許是巧合。」

但是，當他再向前走大約三十公尺後，犁頭第三次從土裡翻出一顆牙。

「不對不對！這其中肯定有問題。」農夫越想越不對勁，氣憤地吼叫起來，立即把車子開回家，並去電要原來的地主說個分明。

電話中，他語氣極差地說：「這塊地是不是墳地？如果是，我要求您把錢立即還給我！我一點也不喜歡在鬼魂出沒的土地上工作生活！」

地主回答說：「先生，別生氣，也別擔心，事實上那裡原來是個足球場！」

這幽默的故事，引出了一個極重要的思維，那便是人們常犯的離題情況。

這地方原先是不是墳地，問問當地人便可得到最正確可靠的答案，但農夫並未這麼做，而是直接找地主要答案，我們都知道老王賣瓜、自賣自誇的道理，又怎能找到真相呢？

至於地主，以低價隨便賣出，或許以為用最快速度脫手就好，然而存在的事實始終存在，問題終有一天要被發現。

從兩位主角處理事情的方式，我們可以得到不少啟發，一件事情當中存在著許多面向，答案從來都不是最重要，重要的是我們在尋找答案的過程中，是否用對了方法。

其實，是足球場或墳場一點也不重要，重要的是這塊土地是否肥沃，又能否種出甜美豐碩的作物，不是嗎？

面對問題，別再離題了。以幽默心態看待，是墳場也好，是足球場也好，重要的是，只要能努力耕耘，終能為自己換得一塊良田。

別用情緒處理事情

幽默一點，別再用情緒解題，也別輕忽了態度的重要，因為這些都是人們評斷的重要依據，稍有偏差，便難得敬重與肯定。

凡事不要有兩套標準，更不要用情緒去處理事情，因為聰明人會看見當中的盲點，從中發現你我的不足。一旦被看穿，我們想再得到人們的信服，恐怕又將多費一番功夫。

收斂自己的情緒，遵守遊戲規則，往往是為人處世的最好方式。

地理老師提了一個問題：「哪位同學知道，在什麼地方常見煙霧繚繞？」

只見小吉米立即舉手，說：「離我爸爸嘴邊不遠的地方。」

小吉米的誠實答案，想必逗得許多人會心一笑吧！離爸爸嘴邊不遠的地方，正是世上最常煙霧繚繞的地方，一點也沒有錯，不是嗎？

在討論了解當中的思維寓意之前，我們再看看下面這一例。

有個足球迷因沒買到票，只好爬球場外的電線桿上，觀看場內的足球賽。

然而，才剛爬上去看了一會兒，便見一位警察朝自己的方向走來，那球迷一看，連忙從電線桿上爬下來，不過警察卻示意他不用擔心，還擺擺手問道：

「比數多少？」

「一比零，我們領先。」球迷回答。

只見警察微笑道：「好！你就在那兒看吧！小心別摔下來啦！」

說完，警察便轉身離開了，直到球賽即將結束前，才又走過來問：「現在幾比幾了？」

「一比二，客隊領先。」球迷在高處說。

想不到警察卻突然瞪大了眼睛，怒吼道：「什麼？那你還有心思在那裡看球賽？還不趕快給我下來！」

球迷聽了，急急忙忙爬下來，然而，就在他爬到一半的時候，球場內忽然響起如雷的鑼鼓與歡呼聲，警察一聽連忙又說：「快快快！你快點上去，去看看是誰進球了！」

警察的作為，相信讓不少人在苦笑之餘搖頭嘆息。事實上，以自己的心情處理事情的人，經常在你我身邊出現。

生活中，常常是越小的事情，越引人深思。好像第一則事例，我們總是就近以最熟悉的生活為依歸，累積自己的生活經驗。再看第二則故事，我們大都習慣了以當下的情緒作為處世的標準，然而正因為太過自我直接，往往失了處世應有的智慧。

身教重於言教，許多道理就在日常生活之中，但我們常因為一時的貪慾與

執念而忘記遊戲規則的重要，一如第二則故事中的警察，爲了滿足自己的慾望

而不執行職責，失望時又以情緒來解決，如何能得到人們的信服？

又如第一則故事，若是將來有一天小吉米也學起父親抽煙，身邊其他人想

制止，恐怕也難以規勸。

幽默一點，別再用情緒解題，也別輕忽了態度的重要，因爲這些都是人們

評斷的重要依據，稍有偏差，便難得敬重與肯定。

看見藏在腦海裡的卓越創意

規規矩矩地附和配合，乖乖地聽命遵從，對任何人都不會件好事，只會讓生活失去精采。

我們知道，老天爺賜與每個人的，都是一顆蘊含無限創意的腦袋，但會因為使用者的不同而有著不同的功效成果。

不能好好開啟運用的人，當然得不出聰明智慧，反之，懂得充分利用開啟的人，時時刻刻都能放出驚人的創意光芒。

老師正在發作業，當發到貝利時，忍不住質問他：「我要你們寫一篇關於

牛奶的作文，我記得曾要求你們一定要寫滿兩張紙，但是，貝利，你的作文為什麼才寫這麼幾行字呢？」

貝利大聲地回答說：「老師，因為這是一篇關於『濃縮牛奶』的文章啊！當然要簡短囉！」

因為「濃縮」所以「文短」，說得還算有道理，但絕不可能被老師接受，畢竟在這個創意思考裡存在著一點偏差，若給予肯定，就怕心智尚未成熟的孩子會自此走錯路。

但與其擔心，不如用較正面的態度和孩子共思創意，好比下面這個例子，雖然仍有些偏差，卻是極富機智的創意發想。

上地理課時，老師要求學生們必須將地球儀帶來。

但有個名叫湯瑪士的學生沒有帶來，因此當其他同學認真地轉動著地球儀，尋找老師提問的地理位置時，他只能呆坐在自己的位子上。

老師看見他這個模樣，有些生氣，忍不住要考一考他，讓他出糗，於是喊道：「湯瑪士，亞馬遜河在哪兒？」

湯瑪士低著頭，什麼話也沒說。

老師更加生氣地問他：「你為什麼沒帶地球儀來，又為什麼老是低著頭？你到底在看什麼？」

只見湯瑪士抬起頭說：「老師，其實我有帶地球儀來，它就在我的腳下，而我低頭是為了找出亞馬遜河的位子，問題是這個地球儀實在太大了，害我看不見亞馬遜河到底在哪兒。」

跟著湯瑪士一同想像正被你我踩在腳下的「大地球」，是不是也激起你的童心趣味呢？這個創意回答十分讓人激賞，有多少人曾想像到自己腳下的大地球儀呢？恐怕很少吧！

每個人都擁有一顆聰明的腦袋瓜，只是有些人懶得去動，有些人則正好相反，極活潑好動地運用，因而寫下一則則創意非凡的傳奇。

其實，不管是濃縮牛奶還是大地球儀，兩則幽默故事在在說明了你我的腦袋的潛力無窮。規規矩矩地附和配合，乖乖地聽命遵從，對任何人都不會件好事，只會讓生活失去精采。

多動動你的腦吧！別害怕說出來的創意讓人鄙夷，更別擔心內心浮現的想法讓人不屑一顧，對自己要有信心，相信世界一切都在我們的腳下手中，任誰也否定不了我們。

坦白生活，方能自在快活

我們終究得面對自己，走自己的路。因此，與其瞞騙自己，不如坦然地面對心底的過，也坦白地對著他人承認己錯。

修飾過的錯誤，看似得到了隱藏，事實上依然存在，不只無法消失，更沒有人能真正遮掩。

轉念再想，即使別人看不見，自己依然會看見。過著自欺欺人的日子裡，不覺得辛苦嗎？

小傑每次想向老師請教時，老是忘了尊稱一聲「您」。這天他又去找老師，

並直說：「你能不能幫我……」

這一次老師臉色大變，生氣地說：「小傑，你怎麼老是忘了基本禮貌？你不知道向師長請教時，要用『您』來稱呼嗎？」

於是，老師罰他在練習本上寫五十遍「對老師要尊稱您」。

小傑乖乖地回到坐位上抄寫這段文字，抄寫完畢後，他便拿去給老師。老師看了非常高興，因為小傑一連寫了一百遍，於是微笑地說：「很好，你總算知道自己的不對了。」

「是的，所以我多抄了五十遍，希望『你』別生氣。」小傑說。

讀到最後，想必讓不少人會心一笑。以為抄寫就能解決一切，沒想到早已習慣成自然的小傑，根本不知道反省問題的核心。

想必老師會忍不住嘆氣，真是孺子不可教也。接下來，我們不妨再看看下面這個例子。

語文課時，老師要求每個人在回家之前要完成一篇小品文，只見伯特卡坐在桌前，拚命地抓著頭，手上的筆卻一動也不動。

好朋友瓦西里見狀，忍不住問他：「你怎麼滿臉愁眉苦臉，一個字都沒寫？有什麼困難嗎？」

伯特卡嘆了口氣說：「唉，老師要我們寫這什麼題目！『昨天我做了什麼』，我該怎麼說才好呢？」

「那有什麼難的？你昨天都做了些什麼？」瓦西里問。

「喝酒。」伯特卡說。

「你太死心眼了，改一個詞不就行啦！比方當你要寫『喝酒』這個詞時，就改成『讀書』，照此寫下去就得了。」瓦西里說。

「對哦！」伯特卡頓時茅塞全開，拍手稱好。

轉眼，便見他完成了作品：「早上我一起床就讀了半本書，不過後想了想，我乾脆把後半本也讀完了。接著，我忽然又想讀書了，於是我便出門又買了一本書回來。就在回家的途中，我遇見了瓦西里，我一看見他的眼睛，就知道，

他八成也讀了不少書！」

思考以上這兩則故事，當中問題其實是相同的，無論是「你」還是「喝酒」，都是常見的自欺與執迷。欺騙自己完成了別人的要求，但事實上一切不過是虛應故事，執迷不悟，毫無認真省思。

進一步思索之後，你是否開始有了不同的領悟呢？

生活是為自己，不是為了別人，我們終究得面對自己，走自己的路。因此，與其瞞騙自己，不如坦然地面對心底的過，也坦白且幽默地對著他人承認己錯。

能夠如此，我們才能看見真正的進步。

享受付出，請先懂得給予

體貼地為對方多想一想，愛是互動的，單靠一方支持將是件極辛苦的事，道理和簡單的人際相處相同。

我們都習慣了等待別人的付出，特別是在情人的認知裡，總習慣把對方的付出視為最佳的愛意表示。但，你真覺得一味的付出是合理的嗎？

兩性相處虛虛實實，與其期待情人付出，不如率先真心給予，聰明且積極地把握正捧在手心的愛。

年輕的妻子換了一套新衣服，然後轉身問丈夫：「你喜歡這件衣服嗎？」

「真難看！妳快去把它退掉吧！」丈夫說。

「是嗎？嗯，可是這已經不能退了耶！」妻子失望地說。

不過，轉眼卻見她眉開眼笑道：「這是我三年前買的衣服，不過，既然你不喜歡它，那你就快點陪我去挑件好看的吧！」

很寫實的畫面，女人和男人常因為價值觀不同而起衝突，但是疼惜女人的男人大都選擇忍耐，或者以幽默態度應對，因為知道再多計較一些些，兩個人恐怕要開始冷戰了。

反思另一方，雖說女為悅己者容，女人們本就可以為這個理由而用心打扮自己，但凡事也要量力而為，多為心愛的他著想。

再舉一例，看看有耐心的悲情好男人如何面對老婆大人的驚人消費力。

男人正在教他的好朋友馭妻術，說：「昨天，老婆說要買件皮大衣，一直跟我鬧個不停，最後我只說了一句話，她就不再囉嗦了。」

「哇！真厲害，你說了什麼啊？」好友問道。

「我說，妳買吧！」男人哀怨地回答。

很妙的一句「妳買吧」，智慧化解夫妻相處僵局，當中充滿了無奈也幽默的包容心境。當然我們依然可以相信，男人始終是愛著另一半的，若非如此，允諾的答案不可能說出口。

聽見這般體貼的應允，親愛的女人們，在渴望男人掏錢為自己購買奢侈品同時，是否願意體貼地替他們多想一想呢？

愛是互動的，單靠一方支持將是件極辛苦的事，道理和簡單的人際相處相同。想被擁抱，只有一個人願意張手是不行的，必須另一個人也願意張開雙臂，才能完成整個動作。

別再一味地要求對方付出，因為要多了總會要盡，等到那一天，才發現自己空有物質滿足，卻失去了愛的支柱，該有多令人遺憾啊！

欺騙，傷人又傷己

何必欺騙自己呢？凡事由多面切入思考，也聰明、幽默地進行多元省思，方能為自己找到最坦然誠實的美麗人生。

許多人喜歡用善意的謊言來幫人，但終究不是最好的選擇。

無論善意還是惡意，欺騙都會造成傷害，因為目的必定是為了遮掩一個可能被發現的事實真相。真相始終存在，我們從欺騙開始，便免不了擔心受怕。

驗票員來了，威爾遜先生這才發現自己忘了帶月票。

於是，他對驗票員說：「我絕不是故意要逃票，請看看我這張誠實的臉，

「那麻煩你把臉伸過來，因為我的職責是在車票上打孔！」驗票員答。

這就是最好的證明。

聽著驗票員幽默回答的同時，也讓人禁不住省思著，人難免會有出錯的時候，即使是無心之過也一樣是過錯。大可不必非得爭執、保證，因為他人看見的是我們眼前所犯的錯，而不是過往的誠信表現。

所以，錯了就錯了，不懂就不懂，不知道就不知道，沒必要誇口知道或懂得。一時欺騙容易，但往後卻得面對或擔心真相被揭開，並不輕鬆。

教授說：「今天，我要和大家講解『什麼是謊言』，關於這方面的問題，我已經在我的一本學術著作《論謊言》中，做了十分詳盡的介紹。」

說完之後，教授停頓了一下，跟著又提問：「有誰已經讀過我寫的這本書？有的請舉手。」

話一說完，許多學生都舉起手來。

只見教授微笑著說：「很好，很好，看來大家對於『什麼是謊言』都有著

切身的體會，因為⋯⋯」

說到這兒他停了一下，然後才說：「因為這本書根本還沒出版。」

聽見教授說書還沒出版，想必會讓那些舉手的學生羞愧不已。

何必欺騙自己呢？也許騙得了別人，但最終我們仍得面對心裡的愧疚，再

想想，心底擱著這麼一個疙瘩，不辛苦嗎？

人生苦短，有太多東西值得我們學習與面對，每一件事都是累積智慧的關

鍵，不容輕忽。

所以，凡事由多面切入思考，也聰明、幽默地進行多元省思，方能為自己

找到最坦然誠實的美麗人生。

冷靜處事，才能減少爭執

人與人之間若想多一點和諧，便要多用一些
智慧，也多學會控制自己的脾氣，並多學習
理性處的冷靜智慧。

冷靜處事，才能減少爭執

人與人之間若想多一點和諧，便要多用一些智慧，也多學會控制自己的脾氣，並多學習理性處的冷靜智慧。

天空忽然下起了雨，旅行者原本想再騎著馬繼續趕路，但雨越下越大，轉眼便淋溼了他一身：「不行，還是找個地方把身子烘乾才對。」

進了城裡，他找到一間小餐館，卻見裡頭擠滿了人，當然全是為了要躲這場大雨而湧進的人潮。

旅行者想盡辦法要靠近火爐，卻始終無法如願，忽然他想到了一個絕妙好計，於是對著老闆喊道：「老闆，快拿點魚去餵我的馬！」

「馬吃魚？馬不吃魚吧！」老闆也大聲反駁回去。

但是，旅行者仍然堅持道：「你別管，照我的去做就對了。」

店裡的人們聽見兩個人的對話無不豎起耳朵，人人好奇心大作，紛紛跑出去外面看馬怎麼吃魚。

說到這兒，你想到些什麼沒？是的，一如聰明的你所想，大家都被好奇心驅使，出去看馬吃魚，如此一來店裡就只剩下旅行者一個人啦！

他說完話後，便輕鬆閒步走到火爐旁邊坐了下來，慢慢等著這火將自己溫暖烘乾。過了一會兒，老闆和那一群七嘴八舌的好事者紛紛走進屋裡，老闆還很生氣地說：「喂，你的馬又不吃魚！」

旅行者聽了，笑著說：「這樣嗎？沒關係，你把魚放在桌子上，等我把衣服烘乾了，我自己吃。」

不必與人爭鬥，也不用向老闆提出抗議，只要動一動腦，只要用點無傷大雅的小心機，便能輕輕鬆鬆擁有自己想要的機會，又或者是保住自己的權利，

就好像下面故事中士兵狄克的機智反應。

狄克正提著一瓶酒回到營地，但很不巧的是，讓他碰上了營隊裡以管理嚴苛著名的連長。果然，連長一發現他手中的酒瓶便質問：「哪裡來的酒？」

狄克見連長神色嚴厲，連忙回答說：「連長，這酒是我和上校合買的，其中有一半是屬於上校的。」

連長聽了，便說：「好，那把你那一半倒掉！」

狄克聽了，露出為難的表情：「連長，我不知道要怎麼倒，因為，我的那一半放在『上校的』下邊！」

關於這樣的答案，連長最後接不接受倒不是重點，重點是狄克靈活的反應讓人拍案叫絕。他不與連長強烈爭執，也不故意捏造謊言，而是以退為進，先把責任目標轉移至「上校」的身上，然後玩弄一點小聰明，把「上校」擋在自己的前面去迎戰承擔，自己則暫時躲在旁邊，等待權利緊握在手後，再開開心

心地享受擁有。

從中也讓我們明白了，生活不只要有隨機應變的智慧，更要有理性解決問題的冷靜，雖然兩則故事的主角在在展現了機智的重要，但這裡最值得我們學習討論的卻不在於他們的機智，而是他們面對問題的態度。

遇到困難，遇上麻煩，除了要學會冷靜之外，更要保持理性，絕不能以情緒對付問題，好像第一則故事，如果旅人在無法靠近火堆取暖的時候，因為寒冷與疲憊漸漸挑起壞情緒，最後除了可能與其他旅人爭吵起來之外，更有可能讓雙方因為火氣升起而落得兩敗俱傷。

再如狄克，若不是他機警「借將」，請上校出來壓連長，那酒恐怕早被下令沒收，而他也早換得一肚子的不滿牢騷吧！

人與人之間若想多一點和諧，不讓情緒傷害了人際關係，不想再有偏執鬥爭的場面，便要多用一些智慧，也多學會控制自己的脾氣，並多學習理性處的冷靜智慧。若能如此，我們不只能為自己建立一個成功的人際網，還能讓我們無論向哪個方向走去都無往不利！

各退一步，心裡更舒服

凡事都各退一步吧！如果連面對最愛的人都缺乏幽默應對的智慧，不肯給予包容的心，試問，又如何能擁有幸福生活？

一名婦女在下車時，不小心被公車門夾傷了右手食指，氣得控告司機謀殺，還要向客運公司索賠一百萬元。

律師聽完婦人的說明，忍不住說：「太太，只是一根手指頭受傷，恐怕無法要求他們給那麼多錢啊！」

婦人怒吼道：「誰說這只是一根手指頭！你知不知道，這隻手指可是用來指揮我丈夫的呀！」

想像婦人對著丈夫頤指氣使的模樣，再配上食指怒點的動作，想必讓不少人禁不住莞爾。

一如故事中的引導，我們也發現到，男人女人的互動，實在難有一個好的平衡點，不是男人讓女人傷心，便是女人讓男人傷腦筋，似乎在所有人際互動關係中，最難解的便是兩性之間的問題了。

只是，說難解還是得解決，畢竟兩個人若想一起走下去，總還是得把情緒丟開，不然，像下面的小馬一樣，又如何能得到幸福的完結？

「唉！我的狗竟然跑了，我真是傷心死了。」小馬難過的說。

鄰居聽了，皺著眉問：「小馬先生，就我所知，你老婆出走時，你也沒這麼激動啊！」

小馬聽了，氣憤地說：「你懂什麼！要知道，我老婆的脖子上可沒掛那三枚國際展覽會的獎章啊！」

聽著小馬嘲諷著老婆不如狗，看似氣憤難平，其實隱約還是帶著一點想念的情緒。若不是「很在乎」，情緒便不會紛起，不是嗎？

否定的話雖然傷人，但正因此更讓我們明白，男女情愛的糾結很難用表面情況來解析，即使旁人想插手幫忙，也很難成為好的調停人。

畢竟，若是兩方的心結不能解開，再多的分析、拉攏也只是徒勞。

笑看第一個婦人的賠償理由，也笑看小馬的價值比較，我們必能輕鬆地解開男人女人的癡迷。

不如凡事都各退一步吧！如果連面對最愛的人都缺乏幽默應對的智慧，不肯給予包容的心，試問，又如何能擁有幸福生活？

所以，別再為了面子硬撐了，把食指收回，把醜話回收，只要兩個人各退一步，我們便會立即發現：「原來，看似棘手的夫妻關係，其實是人與人之間最容易學習的課題。」

愛說大話，小心自打嘴巴

不管是在什麼情況下，都要知道有幾分本事才說幾分話，不管是否為了因應壓力或機會需要，待人處世都應該要實實在在。

旅館傳來陣陣警鈴聲，有人呼叫著：「著火了！」

不一會兒工夫，住宿的旅客紛紛從門口跑了出來。

這時，有一名男客人走進人群中，並且一派自若地說：「嗨，你們別慌張啦！想我聽見失火時，還能慢慢地從床上起身，並且為自己點上一根煙，跟著泰然自若地穿上衣服。其實，我原本想再打個領帶的，不過後來發現不太適合這件衣服，所以又把它解了下來，然後才慢慢地從逃生口走下來……」

男子說到這裡，停頓了一下，吸了一口煙，然後補充說：「各位，你們一定要記住，當危險發生時，千萬要保持鎮靜啊！」

人群中有位房客附和說：「您說的真對！」

旋即卻又有另一人補充問道：「但有件事我不太明白，請問，您為什麼沒穿褲子呢？」

面對危機，當然要冷靜理性，但是面臨生死關頭，能冷靜不緊張的人恐怕仍在極少數。

就心理學角度來看，越是緊張的人往往話越多，因為許多人面對緊張情緒的時候，為了減少壓力，會找別的事情來分散自己的注意力，其中「說話」是最簡單也最容易紓解的方法。

反之，也有些人為了讓情緒快速平復，會保持安靜，幫助自己能進入冷靜且理性的思考狀態。

在這裡，我們從男子的冷靜詞句與緊張狀態中學習到，話不要說得太快，

想冷靜，更需要安靜，不然在情緒化的大放厥辭之後，只會讓自己掉入野人獻曝的尷尬，一如下面這個故事。

有個男子很喜歡向朋友吹噓自己的打獵技巧，更好說自己的高明槍法可與神槍手媲美。有一天，朋友邀他一同去打獵，指著河裡的一隻野鴨說：「那隻鴨子就交給你吧！」

「好，沒問題！」男子自信滿滿地舉起槍，然後仔細地瞄準目標，跟著便是「砰」地一聲。

「啊！」

「打中了？」有人問。

「沒有，鴨子飛走了！」另一個人大聲地說。

朋友們尷尬地你看看我，我看看你，然而這時男子卻厚著臉皮說：「這真是太奇怪了，我還是第一次看見被打中的死鴨子會飛呢！」

好說大話，當然得自己承擔自打嘴巴的結果。這男子為了守住面子，將謊話硬拗，睜眼說瞎話，只是讓人更感質疑和否定。

人貴自知，不管是在什麼情況下，都要有幾分本事才說幾分話，不管是否為了因應壓力或機會需要，待人處世都應該要實實在在，少誇誇其辭，如此人們自然會看見你我的真才實力。同理，即使本事不足，只要自身不放言高論，也沒有人會大力否定你我的價值。

「大智若愚」的原則沒有人不知道，事實上越是天才獨具的人，越是想隱藏自己的天分。

人生中總會遇到關鍵時候，那時才是發揮才智的最佳良機。若是過度賣弄，讓對手知道了本領，有了早一步防備，想在關鍵時刻扭轉乾坤，恐怕就出現阻礙。不想被人發現自己的弱點，便要懂得收口不說大話的智慧，越想表現冷靜理性，越要有金口不輕易開的聰明。

用幽默的態度讓對方心服口服

想與人溝通或回應問題時，要多一點幽默感，多用點心思來尋找回應或回擊，才能讓對方輸得心服口服。

有位外交官被派到某個小偷橫行的國家，心想：「這裡的小偷真有那麼厲害嗎？我不相信，一定有辦法可以防範他們。」

於是有一天，他在口袋裡放了一個空錢包，並在裡頭裝了一張小紙條，上面寫著這麼一行字：「偷錢包的是豬！」

「我就不相信治不了你們！」外交官得意地心想，這下子肯定能把小偷好好地嘲弄一番。

準備妥當後，外交官獨自上街轉了一圈。在行進間，他很小心地防範著，

結果小偷並未光顧，這讓他十分失望。

他頗為不屑地踱步回家，一進門便掏出口袋裡的錢包，並將紙條拿出來準

備撕碎扔掉，但是當他拿出紙條時，卻發現上面的字已經被塗改了，寫著：「我

今天偷了豬的錢包！」

那麼，智巧又該如何獲得？

誤的外交官明顯不敵小偷的智巧。

外交官自以為能捉弄小偷，卻被小偷反擺一道，由此看來，聰明反被聰明

有一位小提琴家竭盡所能地教育他的孩子，將自己傑出的小提琴演奏技巧

和豐富的知識全數傳授給兒子。

他的兒子沒有讓他失望，不僅取得了非凡的成績，也有了傲人的成就。

有一天，小提琴家的老朋友對他說：「知道嗎？你兒子的演奏技巧已經超

越了您啊！」

小提琴家滿臉自豪地說：「那是當然的，因為我從來沒有看過一位小提琴

老師比得過我啊！」

聰明的小提琴家沒有直接點出自己的功勞，而是先讚美孩子的成就，接著

幽默地帶出幕後功臣，導正了朋友的否定。

換個角度說，他的意思可解讀為：「不必大剌剌地脫光讓人看見，也不必

刻意設計讓人發現，聰明借助其他事物或方法來證明自己的能力，反而更能換

得人們的信服與肯定。」

好像第一則故事一樣，想擺弄人一道，最好的方法是不動聲色。在嘲弄對方

前，得先知道對方的行動計劃，而不是毫無準備就直接上場，否則只會讓人看

見你性格急躁的短處。

想與人溝通或回應問題時，我們要多一點幽默感，多用點心思來尋找回應

或回擊的好時機，如此才能讓對方心服口服。

童言童語常常是幽默妙語

把心靈回歸童心，無論外在如何催眠，不管外面世界如何變化，始終要像孩子一樣，幽默地面對真實的自己。

教堂裡，小麗莎舉手發問：「請問牧師先生，如果我是個好女孩，將來一定能到天國嗎？」

「當然，我的好女孩一定能到天國。」老牧師說。

「那我的貓咪怎麼辦呢？牠會跟我去嗎？」小麗莎又問。

「不能，我的好女孩，貓咪沒有靈魂，牠不能到天國去。」牧師說。

「那麼我院子裡的那些牛呢？牠們能到天國去嗎？」小麗莎又問。

牧師微笑說：「不能，我的好女孩，牛也不能到天國去啊！」

小麗莎聽了，又問：「這麼說，我每天都得跑到地獄去擠牛奶囉？」

在孩子的想法裡，世界就是這麼簡單，他們無法想像地獄天堂與現實世界的差別，就算我們說天上的雲是棉花糖做成的，他們也一樣會快樂地相信。

也因為如此單純簡單，在孩子們的童言童語中，除了能聽到讓人莞爾的可愛話語，偶爾還能讓我們領出一些幽默對答的智慧！

小女孩莎莎這天第一次和家人一同到教堂做禮拜，在教堂內，她比所有大人都還要興奮有精神。

結束後，祖父問她：「莎莎，妳喜歡不喜歡做禮拜啊？」

小女孩先是點了點頭，跟著嘟了嘴，然後很正經地下評語：「嗯，還算喜歡，因為他們的音樂很好聽。不過，爺爺，你不覺得台上偶爾出現的那個人，

『廣告時間』太長了嗎？」

非常有趣的評論，可愛、坦白、直接之中，又帶著一絲幽默，值得我們遇到類似情況時借用。

宗教世界的儀式典禮之中，無一不是歌頌信仰的神，宣揚神的美好與神奇，整場不是說神的仁慈，就是大談神蹟，除此之外，反倒很少聽見讚揚那些默默發揚仁愛之心的活菩薩。

那麼，即使真的到了天堂又如何？最後得下地獄又如何？無法預知的未來，想再多也無用。既然活在現世，本來就要好好珍惜當下。

想想才剛誕生的新生兒，怎麼懂得什麼神蹟？孩子的成長過程，又哪裡需要神奇的魔法幫助？

就像把牧師佈道的時間解讀為「廣告時間」的莎莎，對她來說，做禮拜若能像參加派對一樣快樂歡喜，或許更能吸引她吧！

看似童言無知的回應，很多時候其實更引人深思。

對小麗莎來說，倘若真的有天堂地獄，死後一樣是「生」，那麼，那些生

活在世上時的現實問題不也一樣存在？因而看在她眼裡，牛隻會在哪兒出現才是最重要的。

從這類帶點嘲諷宗教意味的幽默故事中，我們更清楚明白，宗教信仰重在心靈寄託，過分要求信仰的喜好或忠誠，迷信神力，都只會讓人迷失了自己，失去了自己的主體意識。

童言童語常常是幽默妙語，無論信仰任何宗教神佛，都要把心靈回歸童心，無論外在如何催眠，不管外面世界如何變化，始終要像孩子一樣，幽默地面對真實的自己。

孩子們的未來決定於現在

完全富足的生活供需，向來不是成就成功未來的最好支持，觀念正確的教育傳遞，才是幫助孩子成就未來的重要根基。

典獄長對一位老囚犯說：「喂！你待在這兒四年了，怎麼從未看見你的兒女來探望？他們對你真是太無情了！」

囚犯揮了揮手，十分體諒地說：「不，這真的不能怪他們！他們誰也不能離開牢房一步，又怎麼能來探視我呢？」

聽到這名囚犯這麼「幽默」的說詞，想必你也會感到啼笑皆非。

不論其中罪犯的角色，再深入一點探討他的話中之話，聰明的人早想到了「上樑不正下樑歪」這句真理。

看似幽默體諒親友無法到來的理由，實則道盡了家教失敗的結果。

我們都知道，兒童教育的重要，不只是因為童心可貴，而是因為一個人的性格、作為都是自塑造的，若是根基沒能穩穩紮好，及至長大，必得辛苦地自行重修生活態度，甚至得重建走向未來的自信與勇氣。

笑看囚犯的自我調侃，深省生活的各種面向，在這裡不得不提醒大人們，不要用你的情緒教育孩子。

因為，相較於故事中囚犯的情況，有更多的孩子其實是在看似建全的家庭中，由於家長的價值觀教化錯誤，慢慢地累積了錯誤的生活態度，出了社會之後，自然以錯誤的價值觀處世。

我們需要擔心的正是這一類孩子，看似規矩，看似無害，事實上卻是步步走向背離的方向。即便有人發現，想幫助他們懸崖勒馬，可那根深柢固的偏差認知卻不是一時半刻可以改變得了的，往往要等到他們自己受了重傷後，才知

道錯誤所帶來的妨害。

再舉一個經常聽聞的情況，正可說明父母言行對子女的影響。

有位高官的兒子，闖紅燈被警察攔下來。

只見他高傲地說：「你知不知道我爸爸是誰？」

這名警察聽了，冷笑著回答說：「我只知道你闖紅燈，至於你爸爸是誰，我想你問你媽會比較清楚。」

佩服員警的機智幽默和秉公執法同時，卻也不禁替這個孩子感到憂心。姑且不論家庭背景帶給他什麼樣的態度觀念，光是無視交通規則硬闖紅燈的動作，就充滿著危險，一旦有任何狀況發生，受到傷害的終究是他的家庭。誰料得著硬闖過紅燈後，不會造成一個終生遺憾的悲劇？

再想一想，有多少父母不是載著孩子闖紅燈，或無視應該遵守的秩序，強行插隊、爭搶？

或許這些動作很平常，但轉身看著孩子們瞪大了雙眼，不知所措地站在父母身邊，耳濡目染間，他們其實也學會了「違規」與「爭執」，並從此誤認為這是「正確」的生活態度。

做任何動作之前，請多為孩子想一想，那不會耽誤我們太多時間。完全富足的生活供需，向來不是成就成功未來的最好支持，觀念正確的教育傳遞，才是幫助孩子成就未來的重要根基。

思考簡化，自然減少情緒化

情緒的主控權就在我們手中，無論別人有多少複雜的想法，只要能以簡單心思回應，那麼花招再多也難敵我們的冷靜。

哈比的狗第一次在大賽中奪冠，鄰居上前向他道賀：「恭喜恭喜，你終於拿到了第一名。」

哈比一聽，糾正他說：「不，是我的狗得到第一名啦！」

鄰居發現說錯話了，連忙道歉說：「對不起，對不起，不知道這次您的狗兒得到多少獎金啊？」

鄰居還以為這次問話不會有任何問題了，沒想到哈比卻極其不悅地回答：

「先生！是我得到那筆獎金！」

是狗拿到第一名，是人獲得那筆獎金，哈比的強調想必讓不少人感到困惑。

名歸狗，利歸人，聽起來似乎還蠻合乎名利均分的公平原則，但如此刻意的分別卻有些滑稽可笑。

好像下面這則故事的情況一樣，總是有人喜歡把狀況複雜化，讓原本簡單易解的問題變得困難重重。

在擁擠的公車內，有個中年男子拍了拍另一個年輕男子的肩膀，然後低聲地說：「你是克氏成員嗎？」

年輕男子搖了搖頭說：「不是。」

「那麼，你家裡有任何人是克氏的成員嗎？」中年男子又問。

年輕男子依然搖搖頭說：「沒有。」

「那你的鄰居呢？」中年男子不放棄，繼續追問。

「他們一個也不是！」年輕男子有些不悅地回答。

「好，那你的朋友或熟人呢？」中年男子似乎沒發現對方已經十分不耐煩的臉色，仍然繼續發問。

「先生，所有我認識的人，沒有任何一個是克氏成員，好嗎？」年輕男子斬釘截鐵地說。

「這樣嗎？那能不能請你別再踩我的腳了？」中年男子平靜地說。

這男子就和哈比一樣，面對問題時，很不懂得抓重點。

試想，如果年輕男子真是他口中的克氏成員又如何？因此就可以找到立場不同的理由，和他爭執對抗一番？又或是因此而自認倒楣算了，繼續允許對方「踩腳」？

回顧第一則故事，名利該屬於誰並不重要，重要的是名利可齊享，大可不必分得那樣清楚，那不過更顯出一個人的小器。

第二則故事裡，是哪一派的成員也不必知道，被對方踩到腳，無論是有心

還是無意，簡單看待，就把它視爲一個「不小心」，然後客氣地請他移開就好，實在沒必要再試圖尋找一個衝突點，讓彼此更添不必要的情緒對立。

好比現實生活中的青年鬥毆，多少人不過是一個眨眼，就被人視爲「有心」挑釁的動作，引發莫名的風波與爭執。仔細想想，如此待人，最終損失最大的，還不是自己？

不要老怪別人來招惹，情緒的主控權就在我們手中，無論別人是否有所圖謀，或有多少複雜的想法，即使原本有心計較，只要能以簡單的心思回應，那麼對方花招再多也難敵我們的冷靜。只要能理性應對、幽默看待，堅持不與人爭執，他們也難挑起爭鬥的情緒。

凡事輕鬆看待，也輕鬆看淡吧！不愉快只存在轉眼間，仔細想想，事過境遷之後，許多事便根本不復記憶了，不是嗎？

以謙卑心態面對自然

學會了如自然般的包容關愛，並幽默看待一切，我們不僅可望因此得到更多自然助力，還能看見蘊藏在你我身上的真智慧。

一群獵人正在談論狐狸的狡猾與聰明，有個人卻反駁說：「不對，以我看來，真正狡猾的動物不是狐狸。你們知道嗎？前不久，我發現看起來像狐狸的腳印，追捕了整整一天，最後才把那隻畜牲打中。」

友人問：「那還不狡猾？你追了一天才抓到耶！」

「聽我把話說完嘛！你們可知道最後我發現什麼？」獵人得意地問。

聽眾一個個都搖頭表示不知道，這時獵人才說：「是啊！你們怎麼會知道？

那時我走近一看，發現那狡猾的小傢伙居然是我家的笨狗！」

跟著獵人的腳步，不知道你跟著發現了什麼？

或許你已領悟到了，原來世上萬物以動物最狡猾聰明，至於自以為聰明的人們，則老是在不經意中表現了自身的愚笨。

在省思這個道理前，我們不妨再看下一例，然後再冷靜且理性地省思一下自以為是的「自己」。

在湖邊，有個男子發現一名釣客的行為有些怪異，忍不住上前詢問：「先生，你為什麼要把這瓶藥倒進湖泊裡呢？」

男子冷靜地說：「是這樣的，我正在餵牠們胃藥，因為我發現這裡的魚兒胃口似乎不太好，你看我特地調了那麼多美味的魚餌，牠們硬是不肯吃，我想肯定是腸胃有問題。」

讀罷這兩則幽默卻也諷刺的小故事，想著時時自喻爲萬物之靈的人們，更讓人忍不住深思。

獵人跟了老半天，結果卻連自家的獵犬也不能分辨，再聽著男子猜測魚簍空空的原因，頓覺人類面對自然的無知與自大。

對崇天敬地的老人家來說，抬頭望天，代表著人們對天的景仰，對自然天地應有的尊敬心，至於低頭望地，則代表著人們對地的敬重，對自然大地應有的謙卑心。

無論人們表現如何卓越非凡，一切總還是得歸本自然，一如生老病死最終總還是應自然之規律變化。

換言之，不論人類科技如何進展進步，最終仍得依自然運行，也始終離不開自然的養育教化。

在這幾個小小的趣味故事中，分享者想告訴我們的道理如下：「不要輕看自然萬物，相較於人，生命生生不息的運行更加偉大，人類始終得從自然萬物的身上學習成長。」

因而，面對自然萬物，不要用人類自私偏頗的角度觀看，而是要學習謙卑低頭，那不僅能讓人看見自然的包容力，更能讓人更進一步從中學會知足與珍惜的道理。

學會珍惜知足，學會了如自然般的包容關愛，並幽默看待一切，我們不僅可望因此得到更多自然助力，還能看見蘊藏在你我身上的真智慧。

幽默看待，才會自在愉快

不想心情老是蒙上憂愁，多學會放下工作的
煩悶壓力吧！認真且幽默地看待一切，你我
才可能擁有自在愉快的人生。

學會聆聽，尊重不同的聲音

人跟人之間本來就有許多溝通意見的時候，學會尊重別人的說法，才能在起爭執時，及時緩和情緒，然後攜手共創夢想的和諧世界。

支持素食的人說：「我是個素食主義者，我認為宰殺動物是非常野蠻的行為，所以所有肉食主義者根本都是野蠻人。」

肉食主義者則頗不以為然地說：「是嗎？那你不覺得你們也很殘忍嗎？仔細想想，吃素的人不是都在跟動物們搶奪食物嗎？」

到底吃素好，還是懂得享受人間美食才正確，向來都是公說公有理、婆說

婆有理的爭論，其實像這類爭執的起因只有一個，那便是說話的人只站在自己的角度思考，不會站到別人的角度去看事情。正是因為這樣的「對立」，以致於讓人們越鬥越偏激，完全走不到能有共識交集的時候。

想想，兩個人爭得面紅耳赤，真能覺得有快感的人恐怕不多吧！又何必非得要對方接受並照著自己的意思走呢？

無論如何，我們要能聰明聽話，也要能機智解題，只要本意是好的，都是好的對話，一如下面這兩位大師的對話。

前蘇聯的斯坦尼斯拉夫斯基和德國的布萊希特，是當代著名的實力派表演者，雖然名氣不相上下，但兩個人卻有著差異極大的戲劇觀和表演特色。

據傳，義大利有個專演反派人物的著名演員，曾在莎士比亞的名劇《奧賽羅》裡扮演一個大壞蛋，由於演技逼真到了極點，有一位觀眾因太過入戲，竟當場舉槍將這名演員槍殺在舞台上。

這名演員的戲迷不少，人們為了悼念這位演員，特地集資幫他建造了一座

非常華麗的墳墓。

有一天，斯坦尼斯拉夫斯基來到這座城市訪問，當他來到這個演員的墓地悼念時，還為死者另豎了一塊碑，上面刻著：「某某某，世上最好演員之墓。」

過了幾年，大師布萊希特也到此一遊，聽完人們解釋墓中死者致死的原因後，卻認為該名演員不是個好演員！

「因為，他沒有藉由表演來批判那個角色，反而讓觀眾們著了迷，失了理智，這怎麼是個好演員呢？」布萊希特說。

之後，他也在斯坦尼斯拉夫基的碑旁另立了一個碑，上面則這麼刻寫：「某某某，世界最差演員之墓。」

這便是兩大戲劇名人在現實生活中最真實的「對台戲」！

兩位大師的立碑因為切入的角度不同，也因為對工作的態度不同，所以我們會看兩種不同的評語。其中，並沒有對錯之分，有的只是不同人在處世態度上的不同罷了。

我們也許可以從他們兩人立的碑來判斷，斯坦尼斯拉夫斯基應是個樂觀開朗的人，在觀看所有人事物的時候，總習慣以「正面」的角度去思考，所以願意給這名無辜犧牲的演員一個肯定。

至於希萊希特，想必是個極其嚴肅的人，考慮事情總是帶點鑽牛角尖的態度，所以會覺得這演員若能聰明表現，便不至於無辜喪命。

其實，無論是好聽的讚美詞，還是難聽的責備話，兩個人立碑的動作，都同樣表現了對該名演員的惋惜！

換個角度說，不要老把不同的意見視為必然的「對立」，甚至相信「爭執」必因此而起，人跟人之間本來就有許多溝通意見的時候，多一點不同想法分享，並學會尊重別人的說法，才能在起爭執時，及時緩和情緒，也聰明退讓一步，懂得互相以尊重為基礎，然後攜手共創夢想的和諧世界。

心富足便等於坐擁萬貫財富

世上沒有真正醜惡的東西，只有人心陰暗面帶出的醜貌，這正應驗了相由心生的道理。

心靈充實的人，明白財富與富貴氣勢的虛假，也很清楚謙虛待人最引人著迷。想坐擁萬貫財富嗎？只要心充實富足，自然能成最富有的人。

正被金錢困住的人，其實真正需要的不是利名，而是要尋求方法填滿心中的空虛，讓精神富足，心靈滿足。

在某個晚會上，有位貴婦正在誇耀自己的富有：「我經常用溫水清洗我的

鑽石，用紅葡萄酒清洗我的紅寶石，用白蘭地清洗我的綠寶石，再用鮮乳清洗我的藍寶石。」

這時，坐在她身旁的老婦人說：「這麼麻煩啊！我從來都不清洗的。」

貴婦好奇地問：「不然妳會怎麼處理？」

「很簡單，只要它們稍微沾了灰塵，我就隨手扔掉啦！」老貴婦說。

聽見兩個人競爭誇耀家財，不知道帶給你什麼樣的感受想法？

從細心清洗到直接扔掉，顯示的不是貴婦們的傲人財富，而是她們心靈的貧瘠空乏啊！

以下，再舉一例。

有位貴婦優雅地走進一家帽子店，老闆見客人進門，連忙帶著微笑迎接：

「早安，夫人。」

「早安！我想請問，櫥窗那兒有一頂鑲有紅花藍葉的帽子，不知道能不能

請您把它取下來？」

老闆點頭說：「好的，夫人，我很樂意為您效勞。」

客人有所要求，當然要立即配合，如此才是經商之道。雖然不少女人很麻煩，總是要看了很多頂帽子之後才能決定，有些時候還不一定會買，讓老闆疲於應付，但他仍不忘自我安慰：「要有耐心，這頂帽子放在櫥窗那麼久了，我今天一定要把它賣了才行！」

老闆拿著帽子，恭恭敬敬地送到貴婦的面前，然後問道：「夫人，您想把帽子放在盒子裡，還是戴著走呢？」

「買？我一點也不想買它啊！我只希望你能把那頂帽子從櫥窗裡拿下來。我每天經過你的商店都會看見這頂醜陋的東西，實在很不舒服，所以想麻煩你把它拿走，放在我不會看見的地方。」

聽見貴婦很不客氣地要求老闆拿下帽子，不知道是讓你感覺荒唐滑稽，還是有些哭笑不得？

世上沒有真正醜惡的東西，只有人心陰暗面帶出的醜貌，這正應驗了相由心生的道理。我們觀人事美醜，從來關乎自己的心，觀人事美，是因為我們心態美，觀人事醜，當然因為自己正心現醜惡的觀想，更因為不能以寬容慈愛的心看待所致。

所以，想時時刻刻看見美麗，別忘了讓心時刻保有美善，也讓心情隨時保持輕鬆愉快。

財富僅能存於一時，每個人心中應當存有的，當是謙卑踏實的心思。懂得這個道理，即使素顏出現，人們也會看見你我臉上掛著滿心富足的美麗容顏。

幽默看待，才會自在愉快

不想心情老是蒙上憂愁，多學會放下工作的煩悶壓力吧！認真且幽默地看待一切，你我才可能擁有自在愉快的人生。

身體之所以會有病痛，許多醫生都說是人們的壞習慣造成。

仔細想想，你是否在做某些事情或工作時，常有煩悶的感受？

如果答案是肯定的，那便代表著你的某些習慣已經累積出疾病了，若不想造成可怕的病痛，請立即找出問題的根源，並積極改進修正，才能在最短時間找回健康的身心。

小亞對愛抽煙的小李說：「知道嗎？香煙的一端是火。」

小李毫不在意地問：「哦！那另一端呢？」

「另一端有個想自殺的笨蛋！」小亞冷冷地答。

你是想自殺的笨蛋嗎？

雖然說癮君子已然成癮，要改變並不容易，但還是應該為自己多想想，畢竟生活中有許多壞習慣，最終會帶來可怕的病痛，而那最後要面臨痛苦折磨的人，正是自己。

因慣性而產生的問題很多，好像下面這個職業病症。

有個體形壯碩的男人因為長期失眠，到醫院請求診治。

「醫生，我最近很難入眠。」男子說。

醫生微笑地說：「放心，這不難解決，來，我先了解你的身體狀況。」

仔細地詢問病人的情況後，醫生說：「不用擔心，你只是有點輕微的神經

衰弱，現在我教你一個方法，當你躺到床上以後，就開始默唸數字，從一數到十，反覆唸它，慢慢地你就會睡著了。注意，要堅持下去哦！」

然而，一個星期後，這男子又到醫院來了，且情況顯得比上次來時更糟。

醫生吃驚地問他：「怎麼會這樣？你有沒有照我的話去做？」

病人用力地點頭，說：「有啊！我可是非常努力地執行，每天晚上一躺到床上，就不斷地從一數到十，可是只要一數到八，我就會忽然跳起來。」

醫生不解地問：「為什麼？」

「因為我的職業是拳擊手啊！」男子口氣哀怨地回答。

因為慣性，也因為壓力，讓故事中的男子遇見熟悉的「數字」便跳起來，連丁點放鬆機會也沒有。

從中延伸，思考生活中的各種壓力，我們常覺得一切已是習慣，應當不會影響自己的生活腳步或思考感受，然而一如上兩則故事的寓意，實際上正不自覺地帶著自己走進險境而不自知。

如果你渴望走出束縛與危機，請從現在起時刻檢視生活狀況，時刻省思自

己的心境，並讓自己與幽默靠近。

聰明如你，想活得健康快樂，還是少抽根煙吧！不想心情老是蒙上憂愁，

多學會放下工作的煩悶壓力吧！

認真且幽默地看待一切，你我才可能擁有自在愉快的人生。

把聰明機智用在正確的道路

若空有聰明機智卻不能用於正確的道路，總有一日會懊悔曾經走過的錯路。

人生在世，別為一時的巧計應驗而開心，更不要因為一時的成功投機而放心。別忘了，一切只存在於那一時一刻，世界仍繼續變動、轉變，投機者終會因為踏得不實而跟不上變動，甚至失足跌落。

唯有真心誠意、幽默包容的態度，才能讓我們踩著自信踏實的腳步前進，無論世界如何變動，始終都能以絕對的信心克服困境，繼續向前。

一位老闆在甄選公司未來的會計師時，出了一道最基本的問題，題目是：

「兩百萬加兩百萬等於多少？」

前面兩個面試者都毫不猶豫地說：「四百萬。」

結果，這兩人都沒得到工作。

當商人詢問第三名面試者時，只見對方立即站起來，把門關上並拉上窗簾，然後靠在桌邊，小聲地問老闆：「你希望它等於多少？」

商人聽了，微笑點頭，最後便由這位聰明的仁兄拿到工作機會。

要說面試者聰明，還是機巧呢？不同的角度得出不同的結論，畢竟在商言商，為得工作機會，總是需要用一點巧智爭取，然而這是否為正確的經商之道，有著極大的省思與爭議空間。

以下還有一則相似的幽默故事，一笑之餘，或許可供我們串連，深省經商處世的道理。

這天，藝廊主人正在招考新進員工，問眼前求職者的第一個問題是：「你

有工作經驗嗎？」

「有。」求職者老實回答。

「那麼，如果我們不小心打碎了一個非常貴重的花瓶，你會怎麼處理？」

藝廊主人問。

求職者想了片刻，然後回答：「我會把碎片重新黏好，然後耐心等待一位

有錢的顧客光臨，跟著，我把它放在一個恰當的地方，以便……」

說到這裡他停頓了一下，然後才小聲地說：「以便讓故事重演。」

老闆聽了，微笑點頭：「好，你明天開始上班吧！」

在商言商，一切以自身利益為最終考量原本無可厚非，然則若失了誠信與

正念，如此經營心態，恐怕存在著極大的隱憂。

此外，就求職者來說，以這種巧智爭得工作機會，從另一個角度來思考，

其實並不見得是好事。

畢竟，一切以利爲重的老闆，想來對員工也不會用眞心對待。

這世界是很現實的，不能誠實對待事業的經營者，自然在待人處世上也不會付出眞心，在這樣的工作環境下，應當沒有多少人能夠眞正久待。

聰明機智的人當然比較受歡迎，也比較容易找到出路，但從另一個角度省思，生活處處都有良機，若空有聰明機智卻不能用於正確的道路，時光終將虛度，總有一日會懊悔曾經走過的錯路。

你的念頭決定你的生活

> 許多事都只是一個念頭轉動變化，希望有什麼樣的生活，便得讓自己朝什麼樣的思考方向。心思幽默，生活必定更快活。

心念轉動何方，便意味著未來我們得由那兒尋找收穫。

如果我們的心念朝著悲觀的方向，未來自然會得悲哀的結果，反之，往樂觀的方向前進，你我的未來世界便能得樂觀希望的結果。

所以，我們應該時時保持警覺，更要多惕勵自己的心，朝向正念，進行樂觀思考。如此，最終定能得到圓滿豐收的好結果。

一名哲學系教授對學生們說：「一個傻瓜提出的問題，常常連十個聰明人也回答不出來。」

其中一位學生聽了，忍不住嘆氣：「唉！難怪我考試老是不及格。」

這名學生的反應，想必讓不少人莞爾一笑，回應當中不乏幽默嘲諷的寓意，只是到底是諷刺教授的思考邏輯，還是自我解嘲，恐怕得看聽者此刻心境為何，各做不同解讀了。

這是一則充滿哲思的小對話，想分別聰明、傻瓜，還真不容易說出答案，

正如樂觀、悲觀之分，不過只是一個轉念。

教授問學生：「誰能說出樂觀主義者與悲觀主義者的區別？」

學生說：「我知道，當兩個人共飲一瓶酒，喝到只剩一半時，樂觀主義的人會說『還有半瓶』，悲觀主義的人則會說『半瓶完了』。」

酒倒一半，對你來說，是「還有半瓶」，還是「只剩半瓶」呢？

生活中，許多事都只是一個念頭轉動變化，而得到的結果是好或壞，是否為自身所預期或希望，端看抱持的念頭如何轉動，又轉向何方。

一如第二則故事中樂觀者、悲觀者的觀想態度，看似尋常的一念之差，實則深深地影響著未來。

由此延伸思考，你經常感到傷心難過嗎？你經常覺得這天地人事都對不起你嗎？或者，你總是感覺快樂開心，覺得能活在這個世界是件好事，滿心充滿著幸福感謝呢？

別問天地鬼神能給自己什麼，而要自問，我能給自己什麼？一如第二則故事中的宗旨，我們應當明白，思考轉動由人，希望有什麼樣的生活，便得讓自己朝什麼樣的思考方向。

心思幽默，生活必定更快活。

保持最真實的自己

不忘本我、不忘記真實感受的人，將不會有迷失的時候，因為無論世界如何變動，他始終保有最真實的自己。

其實，每個人的內心都保有一個最真實的自己，只是為了應付這個複雜的世界，不得不把最真的自己鎖在閣樓裡。

然而這樣困鎖住本性，最終必會讓人變得越來越不開心。

放輕鬆些，打開自己的心門吧！若不能遵照自己的本心前進，生活又有什麼樂趣可言？

自然老師正在為學生們講解各種昆蟲的特性，當他講到有一種小蟲子的壽命只有一天時，台下幾個孩子立刻開始竊竊私語。

老師馬上點名：「巴爾，你想說什麼呢？能不能和同學們分享？」

「老師，我覺得那種小蟲很幸運！」小巴爾朗聲說。

「為什麼？」老師不解地問。

「因為牠的一生都在過生日啊！」小巴爾天真地說。

多可愛的童言童語，如果你是老師，會怎麼回答？

在想像自己的答案時，我們再來看看以下另一則可愛的故事。

今天是拉吉卡第一次上游泳課，游了一小時之後，小拉吉卡忽然說：「教練，我今天能不能練到這裡就好？」

教練不解地問：「為什麼？」

「因為我已經喝不下去了。」小拉吉卡神情痛苦道。

多妙的一個「喝不下」，在孩子的思考世界裡，只有一個真字，他們坦誠地面對自己的感受，也坦誠的地對人們表達心中所想。

如此真誠的心思，正是大人世界所缺乏的。

又像下面這則故事，當多數人只懂掩飾心中矯詐時，孩子們依舊天真地表達本我心性。

上自然課時，老師問學生們：「誰知道蘋果在什麼時候採收最好？」

有個學生很快地舉手，回答：「我知道！我知道！在農場主人把狗鎖起來的時候最好。」

他一說畢，教室內立即響起哄堂大笑。

無論是對小昆蟲天天都能過生日的羨慕，還是坦白已經喝不下池水，又或是誠實分享心中的取巧念頭，純真童心都是成人世界偽作與矯情的對照。

很多時候，我們總是希望能得到聰明的答案，然而看似聰明的答案，往往

存在著虛情假意的應付。

為了能得到人們一時的掌聲，滿足虛華感受，有些人寧可放棄自己迎合他

人，終至越來越迷失，失去個人獨特性。

一時的風光僅存在於一時，一旦放棄自己的本心，很快便會陷入可怕的困

境中，漸至失去生命的方向。

想讓自己更幽默，學學孩子們的童真純心吧！一個時時不忘本我、不忘記

真實感受的人，將不會有迷失的時候，因為無論世界如何變動，他始終保有最

真實的自己。如此，他會懂得累積保有自我生命的獨特性，並時時刻刻以最真

實、幽默的面貌，贏得人們最誠心的掌聲與鼓勵。

活得開心比較重要

不要讓小事困住，生命轉瞬消失，唯有抱持正確的態度與生活習慣，才能真正的擁有美麗人生。

對你來說，是健康重要，還是名利比較重要？是生活得開心快樂重要，還是聽見他人的掌聲重要？

世間人常為了追求一些可有可無的事物，而讓自己深陷原可避免的困境中，令人遺憾。聰明人都知道，名利不能長久，多數人聽後便忘，又何必為了這些東西困住自己？

有位長壽的醫學教授臨終時，對身邊的醫生朋友們說：「我想告訴你們，我心目中三位最偉大醫生的名字。」

在場的所有醫生聽了，無不期盼這三個名字之中，能有自己。只見這位老教授緩緩地說：「這三位偉大的醫生，正是水、運動，和正常的飲食。」

很棒的答案，不是嗎？

所謂的健康生命正是如此──水、運動和正常的飲食生活，少了這些元素，就算讓我們多得一分虛名，多得一點財富，也沒有任何意義。

凡事皆有正面意義，只要不偏取負面的方向，生活自然得見成功的掌聲，一如下面這則故事。

十九世紀後期，在美國眾多的遊樂場中，菲尼斯・泰勒・巴納姆經營得最為成功。巴納姆憑著天才般的想像力與活力，將遊客的注意力吸納過來。

有一回，巴納姆找來一頭大象在他的農場裡耕地，而一位也是農場主人的

朋友，看了很不以為然，說：「大象所能承擔的工作，與餵養牠的費用相比，你不覺得很划不來嗎？」

「我覺得很划算。」巴納姆回答。

在巴納姆的認知裡，大象是最適宜從事農地工作的動物了，然而他的朋友卻堅持這是毫無意義的事。

由於兩個人各執己見，互不相讓，最後巴納姆的朋友氣呼呼地說：「好！今天我倒要瞧瞧，你那隻大象究竟能拉起什麼東西？」

巴納姆微笑道：「你還不懂嗎？牠能把兩千萬美國人的好奇心拉到我這個遊樂場來啊！」

好一個「好奇心」，以此串連起第一則故事的中心旨意，從中可以看見人們常見的愚癡。

大多數人都習慣以單一面向思考，固執不懂變通，習慣選取生活中最無關緊要的選項，然後一天又一天受困於無謂的困惑中。

無論是大象也好，或能否成爲偉大名醫也好，只要腳步踩得踏實、充實，自己知道日子從未虛過，那麼眼前一切世俗名利，功過財富，都只是一件件不足提說的小事。

所以，應謹記教授的旨意：「生命轉瞬消失，唯有抱持正確的態度與生活習慣，才能真正的擁有美麗人生。」

親愛的朋友，忘了名利爭鬥吧！只要懂得堅持心中夢想，笑看橫逆，知道自己的生命意義爲何，那麼無論我們以何種面貌或姿態出現世人眼前，都會是最耀眼的一顆星。

慾望少一點，快樂多一點

生命無法重來，唯有把握此刻當下，及時改正錯誤的生活態度與觀念，繼續的人生之旅，方能笑看美麗的風景。

人總是希望能滿足心中一時的慾求，然而滿足了之後，必會發現慾望變得更難以控制，越來越積極向我們討索。

自此，我們將與幽默漸行漸遠，越來越不快樂。

少一點慾望吧！單純少慾，才能得到最純粹的快樂。

有個老煙槍因為長期抽煙，導致肺部出了狀況，經常感到噁心想吐，逼得

他不得不找醫生治療。

醫生告訴他：「別再抽煙了，不然這個情況會越來越嚴重！」

老煙槍聽了，只好乖乖配合，但不久之後，他又來找醫師，說：「醫生，請你再幫我看一看，嘔吐症狀是不是由其他原因導致？」

醫師不解地問：「為什麼？」

「呃，因為我想，我如果能再嚼幾口煙草，抽幾根煙，也許能找到更多問題。」老煙槍說。

接下來我們再舉一例，或可得到更進一步的深思啟發：

很妙的要求，卻也讓人忍不住感嘆，人們總是寧願以性命換取那麼一丁點的慾望滿足，仔細想想，多麼得不償失啊！

有個男人說要戒煙好幾次，總是看不見成效。

這天，他又掏出了一根煙，神情愉悅地抽起來。

這時，身邊的好友立即提醒他：「喂，抽煙的壞處很多啊！這不只浪費錢，更傷身體。你在想抽煙的時候，不如買兩根冰棒來替代。」

「我早試過了，可那冰棒怎麼也點不著呀！」男子說。

冰棒點不著，那生命呢？

生命似長猶短，多向前走一步，長度也跟著減少一步，我們當然要以最積極的態度保護自己。

不是所有慾望燃起時都得幫它止渴，好的慾望我們可以積極迎合，好比為求健康，反之，不好的慾望，比方對名利的渴望、只為滿足一時口腹之慾的想望，便應當適時制止，因為就算解得了一時之渴，也解不了後續無止盡的需求。

凡事應多為自己著想，也多為關心自己的人想想。

生命無法重來，唯有把握此刻當下，及時改正錯誤的生活態度與觀念，繼續的人生之旅，方能笑看美麗的風景。

用幽默將生活的框架突破

不想受困於「有限」的生活空間，便得讓自己擁有「無限」的心境與思考智慧，讓自己幽默一點。

多一分誠意，少一分對立

人的情感一旦出現了裂痕，便很難再密合，所以，我們常說冤家宜解不宜結，只要肯以誠意相待，終能等到對方卸下心結的時候。

有個男子點了一客牛排，這牛排肯定很美味，因為，不一會兒的工夫，鐵板上只剩最後一小塊牛肉了。

但是，就在他準備把最後一塊肉擺進嘴裡時，卻發現，在這塊牛肉的底下竟然有隻死蒼蠅。

「喂，你們這是怎麼搞的？」男子氣憤地對著身邊的服務生說。

只見服務生不慌不忙的低頭道歉，然後冷靜地說：「先生，恭禧您，您

『中』了本餐廳再來一客牛排的大獎！」

讓人會心一笑的幽默回應，相信無論那男子氣再烈，多少也會被這句幽默的應答降低一些溫度吧！

想減少衝突，表現幽默的確是最佳的辦法，再者便是解決問題的誠意了，一如這位服務生的表現，沒有用任何藉口反駁，而是以一句幽默的話便讓人看見他們以客為尊的態度。

試想，客人們聽見他們坦承疏失，還如此關照客人的情緒，這時候怎麼忍心再與他們計較？

是的，為人處世必須時時關照別人的感受，而不是一味只想到自己，時間總有辦法化干戈為玉帛，那就好像布朗太太和蘇西太太所遭遇的情況。

在布朗家的後院有個小菜園，那是布朗太太的秘密花園，每年春天時她都會在那裡頭種些蔬菜。

布朗太太非常用心經營這個小菜園，也經常跟孩子們說：「寶貝們，等到夏天的時候，我們就能吃到又新鮮又可口的蔬菜了，那是媽媽親手種的喔！」

菜苗一天一天長大，在布朗太太細心照顧下，園子裡的蔬菜長得十分漂亮，布朗太太也非常滿意的說：「太好了，再過幾天收成之後，大家就能吃到我親手種植的蔬菜了。」

沒想到就在她準備收成的那天，兒子忽然從屋外跑進廚房大嚷道：「媽咪，媽咪，您快來呀！蘇西太太的鴨子正在吃我們的菜啊！」

布朗太太一聽，連忙跑了出去，那情景卻讓她差點沒昏倒！

因為，菜園裡的菜統統被蘇西太太的鴨子吃光光了，這讓布朗太太傷心得哭了出來：「天哪！我的菜都沒了！」

蘇西太太聽見聲音也跑出來看，這才知道家裡的鴨子闖了大禍，她感到非常內疚：「對不起，布朗太太，我真的沒想到會發生這樣的事，對不起！」

但是再多的對不起也無法挽回已經發生的事，看著自家的鴨子，蘇西太太也只能恨恨地瞪牠一眼。

從此以後，兩家人的情誼因為這隻不懂事的「鴨子」而變了調，直到耶誕節的前二天……

蘇西太太叫孩子送一份禮物給鄰居布朗太太，上頭還附了一張字條寫著：

「請好好享用您的蔬菜吧！」

你猜，這份「禮物」是什麼？

是的，裡頭包了一隻非常肥美的熟鴨子，牠正是夏天時吃掉布朗太太一整園蔬菜的那隻鴨。

看完了故事，不知道帶給你多少思考啟發？

就蘇西太太來說，千金難買鄰居情誼，鴨子闖禍之後的日子，對她來說是很辛苦的，但是想道歉卻又找不到好時機，想賠償，即使當下殺了鴨子也很難消弭兩個人心中的疙瘩呀！

那該怎麼辦？

很簡單，等待一個好的時機，以幽默與智慧化解隔閡，布朗太太自然願意

和蘇西太太握手言和。於是，蘇西太太選在西方人最重要的分享愛的節日，向蘇西太太致歉，也幽默地以一隻肥鴨來讓她知道：「我和妳一樣，也很用心的把『菜』照顧長大！」

這是可愛的蘇西太太的解決辦法，你是否也學到了其中的技巧？

其實，人與人之間不是「應該」以和為貴，而是每個人本來就「喜歡」與人和善相處，菜被吃光了還會再生長出來，但人的情感一旦出現了裂痕，便很難再密合。多一分誠意，便少一分對立，我們常說冤家宜解不宜結，只要肯以誠意相待，終能等到對方卸下心結的時候。

用幽默將生活的框架突破

> 不想受困於「有限」的生活空間，便得讓自己擁有「無限」的心境與思考智慧，讓自己幽默一點。

我們都習慣了把自己放在一個安全門裡，或為自己畫一個框框，自我保護，然而站在這個門框中，你真覺得安全嗎？

想讓心自由，就別把自己困在框框裡，因為生命原本就充滿險途。請放心，你一定有足夠的能力避開危險，知道如何突破險境。

某大學在分配系所樓層時，將心理系與音樂系的教室安排在一起，這也使

得心理系學生大感困擾，上課時都得關上窗戶，因為如果不這麼做，根本聽不

清楚教授們的講課內容。

不過，如此安排也有一些好處，好比這天……

音樂教室裡正巧有位女同學在練習聲樂，時而尖銳高喊，時而淒厲哀嚎，

與此同時，心理系教授正在為學生講解情感心理學。

他說：「喜劇和悲劇之間的距離，其實是很小的。」

「請問，這段距離有多小呢？」有位學生問道。

教授指著隔壁音樂系的教室，說：「大約十公尺。」

極有趣的比喻，想來學生們定能明白其中的差別，短短十公尺的距離，讓

人明白了悲劇與喜劇之別。

由此可知，以幽默引導思路，往往能讓人有不同的學習和體悟。

下面這則故事，則是因為職業病而帶出的有趣對話。

有一位數學教授在馬路上被一輛高速飛駛的汽車撞倒，肇事的司機不但沒

有下車關心，還立即駕車逃逸。

交通警察很快便趕來了，詢問那輛汽車的車牌號碼，教授想了很久，然後

說：「我只記得，就在被撞倒的那一刹那，看到車子上有一個方程式，好像是

xy 減去 517，最後的差是 24⋯⋯」

在這簡短的小故事中，我們看見了這位教授的框限。他與第一則故事的教

授極不同，前者靈活運用了自己的思考聯想，讓學生得到更廣的思考延伸與啓

發，反之，後者則只能在有限的思考框架下做出反應。

仔細想想，其中有什麼值得深省的部份？

生活要多一點靈活空間，因爲所有事物皆是多元呈現的。限制的產生，不

是事物本身，而是我們每個人觀想與省悟的角度不同，而得出「有限」與「無

限」之別。

所以，不想受困於「有限」的生活空間，便得讓自己擁有「無限」的心境

與思考智慧。

萬事萬物皆在你我手中，十公尺之間何爲喜劇，何爲悲劇，抱持的態度不同，便可能有多種結果。

那看似安全的環境，正可能暗藏著某一種危機，看似冒險的道路，也許反而通往安全之門。

無論如何，都要試著讓自己幽默一點，千萬讓自己的心境困在某一個框架下。

多一點想像空間，生活更新鮮

給孩子多一點空間，其實也等於給我們自己多一點空間，讓彼此得以自由發揮生命最美、最真實的那一面。

很多時候，孩子比大人更懂得幽默。

與其把大人的思考方式強加於孩子的身上，不如學會尊重他們的思考，才能真正引導孩子走向正確的人生方向。

不妨多給孩子一些空間，特別是想像空間。少說「這樣不可以」，而多以鼓勵代替，給他們肯定，大方地說：「這麼想真的很棒！」

老師要學生們回家寫一篇作文，題目為「什麼是懶惰」。

作業收回後，老師很認真地批改，然而當他打開阿達的本子，卻看見第一頁是空白的，第二頁仍是空白的，一直翻到第三頁，才看見阿達寫下了這幾個字……「這就是懶惰！」

這真是一個很妙的解答，要說他表達有誤卻也不對，因為就創意來說，如此的表現方式，還真應該給個滿分的，畢竟這般大膽靈活的表現還不是每個孩子都想像得到。

這又如下一個故事的主角小湯米，在偷懶取巧的背後，其實也表現了活潑另類的思考。

作文課上，老師要同學們寫一篇作文，題目是「我的狗」，並嚴格要求總字數不能少於一百二十個字。

小湯米想了一會兒，然後開始寫……「我家有一隻狗，名字叫波比。我很喜

歡這隻狗，牠身體是黑色的，而頭頸則是白的。」

寫到這兒，小湯米停下筆，一字一字地數了數，發現字數還差很遠，忍不住皺了眉頭，心想：「哇！還差那麼多字，要寫什麼好呢？」

小湯米搔了搔頭皮，想了幾分鐘，然後才繼續寫：「我每天都會帶波比去公園裡散步，下雨時我就不帶牠出門了。」

寫到這兒，又算了算字數，發現還是不夠，他嘆了口氣，再寫道：「我常常幫波比洗澡，牠很喜歡洗澡，我也很喜歡幫牠洗澡。」

小湯米不斷地寫寫停停，但字數始終達不到老師的要求，這急得他直搔頭皮，一會兒看天花板，一會兒看黑板。

「波比很喜歡吃餅乾，所以我經常餵牠吃，可是，有時候家裡沒餅乾，我就不能餵牠了……」

小湯米絞盡腦汁，想把字數湊足，但寫到這兒，卻怎麼也想不出下文了，他只好停下筆，呆坐在位子上。

忽然間，腦子閃過一個念頭，只見他笑起來，然後提筆飛快地寫著：「當

我想叫波比過來時，我就會喊道：『波比！』如果牠不來，我就再叫：『波比！波比！』如果牠還是不肯過來，我就用力地叫喊：『波比、波比、波比、波比⋯⋯』」

寫到這裡，小湯米數了一下，似乎還差兩個字，於是他毫不猶豫地又加了一個「波比」，然後再次數了數總字數，正好一百二十個字，一字也不少。

只見小湯米用力吐出一口氣，然後吹著口哨把作文交給老師，開開心心地去操場玩遊戲了。

孩子的世界天真且寬廣，多叫幾聲「波比」雖然是為了湊數，但那呼叫的畫面，不也讓整篇文章充滿了快樂的聲音和形象？

幽默，經常在日常生活中展現。

我們應當以不壓抑他人的想像為準則，容許天馬行空的誇張想像畫面，因為那正是引導啟發創意想像的極佳方法。

給孩子多一點空間，其實也等於給我們自己多一點空間，讓彼此得以自由

發揮生命最美、最真實的那一面。

所以，就讓孩子多叫幾聲「波比」吧！並試著用微笑和孩子討論他獨特的「懶惰」方式。

多以正面的態度和他們互動，未來，我們會從孩子的身上看見更具精采創意、充滿歡笑的新世界。

鼓勵別人，等同於鼓勵自己

> 說真話雖然很好，但若是不能給人正面鼓勵，那還是別說，否則不只讓人傷心，還可能帶來負面效果。

肯定別人其實等於是肯定自己，因為那代表著我們聰明識人，知道與他們相處互動的正確方法。

以正面積極的態度肯定他人，再以幽默態度展現包容，我們的心境必會帶動出積極的活力，進而讓你我的人生跟著也活潑躍動。

一心想當歌手的瑪麗亞，剛上完一堂聲樂課便急著問音樂老師：「老師，

依您的專業來評估，我的聲音將來會不會有成就？」

「如果遇上火警，妳的聲音應該可以派上用場。」老師回答。

極為諷刺的方式，雖坦白卻顯得太不厚道，畢竟人總是渴望受肯定與鼓勵。

再說為人師表，若不懂得給人鼓勵，又如何能教出作為積極的學生？

人與人之間，要懂得聰明溝通，如此才能真正解決問題，不至於把狀況搞得越來越複雜麻煩。

男人正在為一件事煩心，一個勁兒地抽煙，左手一支，右手一支，輪番地抽，轉眼便見煙灰缸裡出現十幾根煙蒂。

妻子看了，驚叫道：「天啊！難道你不能找個更有效的自殺方式嗎？」

丈夫已經夠焦慮了，妻子卻還酸溜溜地斥責嘲諷，試想，這樣的方式，有助於問題的解決嗎？

當然不會了，正想著煩心的事，耳邊傳來的卻不是安慰聲而是斥責聲，心

亂耳煩，任誰都會感到更加憤怒。

說真話雖然很好，但若是不能給人正面鼓勵，那還是別說，否則不只讓人

傷心，還可能帶來負面效果。

一如以上這兩則故事，自以為幽默的否定，根本無法激勵人心，只會多添

互動上的衝突與冷淡。

將心比心，如果你是瑪麗亞，願意繼續讓一個否定自己的人教唱嗎？

同理，丈夫已經很煩了，妻子還給他那般尖酸的回應，如此怎能增進夫妻

之間的情感？

多為別人想一想，好話不難說，多點鼓勵安慰並不麻煩。

人同此心，心同此理，學會給人鼓勵，我們也能獲得相同的鼓勵安慰。

教育要靈活，學習才會寬闊

一味地跟從，或是態度不夠用心謹慎，自然會一再地誤入困境，甚至誤導他人走向錯誤的人生道路。

為人師長的人，在給人方向時，記得思考要廣，不可只顧眼前，或一味地只會用舊思考模式教育他人。

教育別人前，要先測測自己的思考是否夠廣，又是否能接受他人的質疑與提問。能夠如此，才能激盪出最豐富的生活故事。

化學老師漢森在做實驗時，不小心被炸傷，學生們緊急送他到醫院治療，

所幸搶救及時，很快地便轉危為安。

脫離險境之後，護士送他到普通病房安頓。

來到新的病房，裡頭已有一位病友，這位病人看見新病友進來，便關心地問漢森老師：「怎麼了？是被汽車撞傷的嗎？」

「不是。」漢森老師搖了搖頭，接著嘆了口氣說：「唉！這全得怪編印教科書的人，因為他們把元素符號印錯了。」

不能活用知識，卻怪責編輯者弄錯了，這豈是一個授業者應有的態度？又好像下面這則故事，趣味的答案，提醒了活化思考的重要。

有位小朋友提了一個有趣的問題：「老師，我有個問題想請問您，電話是怎麼撥通的呀？」

老師說：「這麼說吧！當你看到電話線時，你可以立刻與一條尾巴很長的獵犬聯想在一起，你拍拍牠的屁股，牠當然就叫了。」

「那無線電話呢？它又沒有尾巴，怎麼會叫？」小朋友不解地問。

「道理一樣，我們不過是換了一隻沒有尾巴的獵犬啊！」老師說。

沒了尾巴如何能叫呢？顯而可見，這解釋並不是個好例子。

教育是門大學問，不能隨便舉例解答，因為孩子們活潑逗趣的思考想像，經常會想到你我沒有意識到的問題。與其隨意舉例，不如好好地以科學角度解說，更能引起孩子們的學習興趣，啟動他們的好奇心。

我們都知道，思考若不能活化，只一味地跟從跟風，半點也無助於進步與學習成長，就像第一則故事，只懂照本宣科，卻不知道科學實驗中「懷疑」和「謹慎」的重要，當然會誤觸意外。

思考與態度要靈活，我們的生命才會精采。一味地跟從，或是態度不夠用心謹慎，自然會一再地誤入困境，甚至誤導他人走向錯誤的人生道路。

別被錯誤示範扭曲了價值判斷

在完全還不懂什麼是對與錯的童心世界，大人們錯誤的示範，很容易誤導孩子的價值判斷。

別再用現實世界的虛華與複雜作為教育素材了，相信這些也不是我們所喜歡、樂見的。我們都知道，為孩子建立正確的生命態度，更重於告訴他們如何爭得成功地位。

好的生活態度才能帶出成功的腳步，有好的生命觀念，才會看見真正充實富足的人生畫面，孩子們真正需要的，正是這些！

一位態度高傲的母親對老師說：「我的孩子真是個天才，我總覺得他有許

多獨特的想法，不知道老師是否也這麼認為？」

「的確，特別是當他該靜下心默寫生字的時候。」老師說。

每個家長都會以子女為傲，這原本是件好事，但若是像故事中的媽媽，只

挑孩子好的一面，卻無心發現尚有不足的地方，便不太妙了。

畢竟一個只懂溺寵寶貝的父母，很容易讓孩子看不見自己的缺點，也容易

為孩子建立起錯誤的價值觀念。

家教關乎父母的教育態度，一如下面這則故事，天真的童言童語背後，其

實存在著可怕的教育危機。

數學老師對學生說：「假如桌上有三杯酒，我請你們的父親喝一杯，那麼

還剩幾杯？」

其中有個小朋友馬上答：「一杯也不剩。」

老師搖了搖頭，說：「不對不對，你沒有聽懂題目嗎？我再說一遍，桌上有三杯酒，我請你父親喝一杯，還剩幾杯？」

只見孩子滿臉無辜地說：「真的一杯也不剩嘛！」

老師搖了搖頭，嘆道：「唉！你懂得我在說什麼嗎？」

小朋友天真地回答：「老師，是你不懂我爸爸啦！你知道嗎？只要他看見桌上有酒，絕對是一杯也不會放過的。」

孩子天真地說出父親貪戀杯中物的實況，深刻表現了家庭教育的重要性。

家中一切人事物皆是孩子學習成長的榜樣，在完全還不懂什麼是對與錯的童心世界，大人們錯誤的示範，很容易誤導孩子的價值判斷。

以上兩則故事中的孩子為例，在母親一味地認為兒子是天才的寵溺中，在好酒父親的教育下，前者容易培養出自以為是的態度，後者則很容易教出同樣偏好杯中物的孩子。

家庭是培育孩子心智最重要的環境，而心智的長成必須靠父母親的苦心培

育，稍有偏差，孩子也會點滴累積。

這些孩子日後想獨立時，若是沒有正確的人生態度與生活觀念輔助，將不只容易遇上挫折，跌倒後更可能不懂如何再站立起來。

給孩子富足的物質，驕傲的自信，不如幽默地教導他們學會謙卑，保持嚴謹的生活態度。

如此，才能真正盼到與孩子共享成功驕傲的時刻。

真正用心，友情才能繼續

> 想得到人們的友善回應，不是用計交換，而是要用心交往。如此，彼此間的情誼才能真正地長久、穩固。

人際互動若少了真心誠意，再有助益的拍檔也無法幫助我們獲得成功。

當彼此的心裡各具私心或別有居心，表面看來合拍的隊友也必將在關鍵時刻露出自己心中的利己企圖，使成功的腳步無法繼續。

一位電影明星坐在一家飯店的前廳，這時忽然有個陌生人走到他的面前，然後莫名其妙地對著他大罵起來。

明星安安靜靜地看著他，並沒有做出任何反應或動作，任憑這個人怎麼侮辱，他都微笑以對。

想不到，旁觀人群中，突然有兩位女影迷走了出來，她們不僅痛斥那個陌生人，爭吵到最後，甚至還動手打了對方，那個人受不了兩個人的夾擊，只好匆匆逃離現場。

明星見危機解除，還是自己的影迷熱情幫助，於是上前致謝，對著其中一位女影迷說：「妳真的用這隻美麗的小手打了那人一個耳光嗎？」

「是的。」女影迷神情得意地回答。

這位明星竟牽起她的手，在她的手背上深深地親吻一下。

另一位女影迷見狀，連忙說：「我可是用嘴狠狠地咬了他一口呢！」

為了能贏得偶像的青睞，為了爭取到親近偶像的機會，女影迷可是用盡心機以迎合對方的心。

類似心計，其實不只存在於影迷與偶像之間的互動，在你我現實生活中，

也不難看見，好像下面這個例子。

法朗士為自己的一隻手做了一個模型，然後將模型手放在辦公桌上。

有一天，有位客人來拜訪他，一眼看見桌上的模型，便驚訝地問：「先生，這是您的手的模型嗎？」

「是的。」法朗士微笑地說。

「天哪！就我來看，這隻手簡直跟雨果的手長得一模一樣啊！這可是天才的象徵哪！」

「怎麼說？」法朗士好奇地問。

「您看，您的中指尖這地方很像，您再看看這裡，有一點點凹進去的地方……」客人誇張地比劃著。

法朗士一聽，大笑著說：「那是我受傷後留下的疤痕啦！」

客人誇張地誇讚法朗士的模型手，行為想必讓不少人嗤之以鼻。

天才之手與尋常人的手，真有差別？

當然沒有，一切只是馬屁。

為了迎合想巴結的對象，有些人總是愛用心機，巧言令色企圖換得對方的信任與喜愛，然而得到了一時恩寵又如何？

大多數人正因為馬屁拍過頭，最終反而讓自己錯失機會。

想得到人們的友善回應，不是用計交換，而是要用心交往。如此，彼此間的情誼才能真正地長久、穩固。

至於面對他人處心積慮的巴結，且讓我們一笑以對。

用幽默的態度
看待惱人的小事

恩怨情仇皆是生活中的小事，想擁有一段幸
福圓滿的人生，就該幽默以對，別再讓生活
中的小事困住自己。

心情放輕鬆，就能展開幽默作風

把心情放輕鬆，自然能展現機智幽默的行事作風；自然能在笑聲中，看見冷靜解決問題的智慧。

法官大聲地怒斥：「你膽子真大，竟在一個星期內犯下六件搶案！」

犯人一聽，居然對法官說：「法官大人，說真的，如果所有的工人都像我這麼勤奮，那麼我們的國家發展必定非常興盛繁榮。」

法庭上的精采對話，常讓人啼笑皆非，但也偶有讓人拍案叫絕的時候，就像這個犯人的回答。當然，這傢伙的「勤勞」肯定用錯了地方，但他的邏輯思

考卻是發人深省的。

回到現實生活中，有多少人不是正如犯人所說的一樣？我們不難發現，那些埋怨工作難找的人，多半是抱持好逸惡勞的生活態度，即便機會近在眼前，他們也懶得伸手摸一摸！

再反思這個犯人，不也正因為「好逸惡勞」的價值偏頗，而讓他老想著「投機取巧」，想著「強取豪奪」別人辛苦掙得的財富？

閱讀故事可以有好幾個面向，每一個角度都可以得到啟發，只要我們肯認真思考，負面例子也可以得出正面省思，正向思考更能糾正負面念頭。

好像下面這個故事，當我們氣憤搶匪犯罪行徑的同時，卻也從行員的有趣反應中，另得一個正面的思考方向。

芝加哥銀行櫃台前交易客戶絡繹不絕，其中有一個人忽然舉起槍對著行員說：「動作快一點，我要提領一筆錢⋯⋯」

行員點了點頭，問道：「先生，請問您的帳號是⋯⋯」

那人一聽，皺眉斥喝：「我要是有帳號的話，還拿手槍幹什麼？」

在這裡我們不聊搶匪的問題，因為讓人最感興趣的是這銀行人員的反應能力，說他不懂察言觀色發現眼前人的意圖，似乎不對，看見他傻呼呼向對方要帳號，冷靜且理性地對付，不也說明了他有意拖延時間的機智？

故事的結局不難想見。一如我們所熟悉的，多數人遇上懂得裝傻的人，通常都不知道要如何應付，故事中的搶匪，和行員牛頭不對馬嘴的互動，不過是被捕之前的簡短過招！

世上聰明人裝笨蛋的情形不難分別，從各種故事例子中，我們總能看見生活中真正的聰明人處理事情的技巧，也常常能從他們呆呆的傻笑中，看見他們輕鬆將世事鬆綁解套的訣竅。

如果想問他們是怎麼做到的，其實很簡單，把心情放輕鬆，自然能展現機智幽默的行事作風；跟著自己的感覺走，凡事輕鬆看待，也冷靜理性地應對，自然能在笑聲中，看見冷靜解決問題的智慧。

用幽默的態度看待惱人的小事

恩怨情仇皆是生活中的小事，想擁有一段幸福圓滿的人生，就該幽默以對，別再讓生活中的小事困住自己。

沒有人不希望生活時時充滿歡樂，日日為陽光普照。

如果你想擁有這一切，請記得，一切從放下仇恨、擁抱幽默、學會寬心待人開始。慢慢地，我們終將感受到心情的歡喜幸福。

有個人被狗咬了一口，卻一直沒有好好治療傷口，只見傷勢越來越嚴重，好一段時日都無法痊癒。他終於感覺事態嚴重，這才去看醫生。

醫生看了一眼，便叫人牽來一條狗，因為必須確認一件事——這個人是否正是被這隻患有「狂犬病」的狗所咬。

確認後，醫生立即幫他注射血清，但似乎拖得太久了，為時已晚。無可奈何下，醫生只好安慰他看開一些。

這個人聽完，呆了很久，跟著卻坐在看診室的桌旁，振筆疾書起來，醫生忍不住安慰他：「其實，我只是說可能不會好，情況也沒有非常惡劣，你還不必現在就立遺囑。」

「我不是在寫遺囑，我只是想列出那些該讓這隻狗也咬上一口的人的名單。」男子回答。

知道惡犬有病，男子掛念的卻不是自身安危，反而期望著仇人、敵人也能有相同的遭遇，如此心態，真不知道該說他可悲，還是他的敵人可憐。

一個惡棍死了，死者為大，大家即便不喜歡他，還是來參加他的葬禮。

然而，葬禮上所有人全都靜默不語，神父忍不住問：「對於死者生前的一切，在你們心中，難道真的沒有留下丁點美好記憶？」

大家聽了，你看看我、我看看你，片刻之後，一個理髮師說了：「有，由於他的毛髮稀疏，每次刮他的臉總覺特別容易。」

每個人來到生命盡頭，總少不了一絲善念興起。所以，面臨生命危機，面對仇恨的人死去，何不學會寬容？

走到最終的時候，心中如果依然想著恨與怨，只是徒增不必要壓力，讓人生更顯悲情。

人生應該往前看，我們心中該存有的，不是為何仇恨的人不死、不病，而要感謝他們讓我們明白必須更疼惜自己。面對已逝的仇恨，我們該做的不是開心歡喜，而是要感慨生命的短暫，然後更努力把握現在。

恩怨情仇皆是生活中的小事，想擁有一段幸福圓滿的人生，就該幽默以對，別再讓生活中的小事困住自己。

給自己一個「優質」人生

聰明如你，想必此刻正認真省思著，自己的人生是只需及格分數，還是積極地想得一個「優」？

生活好壞常常由態度決定，人生際遇也經常隨態度轉換變化，若思維能鎖定於正向，你我的腳步自然會走向正面積極的目標。

思考常入悲觀灰暗，心靈自然會悄悄引著我們，走向悲慘人生。

有位就讀於二年級的大學生，寫了一份〈論莎士比亞創作〉的報告，教授給了他一個「優」。

作業發回不久，教授便要求這位學生到辦公室與他談談。

學生立即前往，教授一看見他，便說：「你大概不知道，我也是畢業於這所大學，也是住在你現在住的那間宿舍。而且，我們還保存了以前校友的考核作業，目的就是想在需要的時候便利地翻閱參考，我相信你都曉得。」

「我應該說，你很幸運，因為你一字不差地抄襲了我過去所寫的一份關於莎士比亞的報告。」

教授說到這兒，只見學生滿臉驚恐地看著他。

「當然，你一定會感到吃驚，也非常好奇我為什麼會給你『優』的等第。孩子，那是因為當年我那保守的教授只給我『及格』兩個字，但我總覺得自己應當拿到『優』的。」

好的老師不只能給學生好的指導方向，更懂得保全學生的尊嚴，好像故事中的教授，明知道學生犯錯，但他並未直指其過，反而是以更寬容、幽默的方式來糾正錯誤，讓對方明白好壞之間，其實相當主觀，而對與錯的差異，也只

在一個小小的念頭轉換。

下面還有一段有趣的師生對話，從中我們更可以理解一個道理——好的教育技巧，能帶動學生們的創意。

某間學校的學生們特別喜歡音樂課，因為任教的音樂老師非常幽默風趣。

有一次考試時，他出了這樣一道題目：「巴哈有二十個孩子，因此他一生中把大部分時間花在『 』上面。」

老師留下空格，要學生們填寫正確的答案。

調皮大膽的學生，紛紛寫下「床上」的答案，有些學生則比較嚴肅，回答是「德國」，當然大多數的人都認為是「作曲」。

但是，最終卻沒有一個人答出正確答案，於是學生們著急地詢問老師，正確答案是什麼。

老師笑著回答：「還債。」

聽聞前述問題時，你心中出現的是什麼樣的答案？

無論你的答案是什麼，都必定是個好答案。人生許多課題沒有絕對的錯與對，一如第一則故事；而透過第二則故事的引導，則讓我們更加明白，每個人都會有出錯的時候。

錯誤本身是很單純的一件事，更重要的是我們的自省能力高低，是否懂得從中反省，進而引領自己走向正確的道路。

故事極為簡單，但寓意省思由人，想得深刻，我們便得深刻啓發，若只懂輕輕帶過，得到的當然不會多。聰明如你，想必此刻正認眞省思著，自己的人生是只需及格分數，還是積極地想得一個「優」？

話說得巧，效果會更好

一百分還是零分，極可能導因於學習態度的差異，把話說得巧，多以正面鼓勵的方式展開教育，孩子自然會表現得更好。

生長在經常傳遞悲觀念頭家庭裡的孩子，態度自然悲觀，反之，生活在陽光積極家庭的孩子，時刻都懂得展現陽光活力，當然較具幽默感。

為人父母，要小心謹慎自己的一舉一動，常用巧妙的話語和孩子溝通，因為孩子的未來與學習態度好壞，取決於家庭教育的成敗。

湯姆手裡拿著試卷，怎麼也答不上來，便在試卷上寫道：「上帝曉得，我

不知道。祝老師耶誕快樂！」

過了幾天，老師把考卷交給湯姆，上面的批語是：「上帝一百分，你零分。

祝你新年快樂！」

老師的幽默批語，想必逗得不少人發笑，仔細想想，這位老師不也挺棒的嗎？他沒有以斥責聲來糾正學生的過錯，反而以幽默回應提醒學生，間接達到正面的教育目的。

教育事業原本就不是容易的工作，但若能幫助孩子走向正確的道路，便是極快樂的事。不過，也不能一味地只想靠學校老師的幫助，別忘了，家庭才是孩子最重要的學習根源。

一位父親正在和老師談論兒子的學習情況，說道：「老師，請您告訴我，我兒子的歷史學得怎樣？唉，回想我當初唸書的時候，其實很不喜歡這門課，考試總是不及格啊！」

歷史老師說：「原來如此，那歷史恐怕正在重演。」

我們可猜得，這位父親必定經常給孩子相似的訊息，讓孩子知道他的歷史總是最差的。在潛移默化下，孩子自然而然地會以父親為準則，允許自己歷史成績上的不足。

別以為不可能，回想我們過往的經驗，家人若在某一方面表現突出，自己不也會跟著模仿學習，並積極地以此作為換得鼓勵掌聲的途徑？

所以，常給自己肯定，也常給孩子肯定，這才是應當建立的教育態度。好像前述故事中的父親，若能傳遞正面訊息，讓孩子明白歷史的趣味，甚至是幽默的自我解嘲，相信孩子會以更積極正面的態度進行學習。

一百分還是零分，極可能導因於學習態度的差異，把話說得更巧，多以正面鼓勵的方式展開教育，孩子自然會表現得更好。

美醜真假只在幽默的一念

幽默看待萬物，便可得深刻的生活禪思。何妨給自己一點空間，以單純眼睛看世間？從此觸目所及，必無一不是美麗真實之境。

在某些人眼中相當美麗的事物，對某些人來說卻可能醜陋不堪，正如有些真相，對某些人來說，是根本不存在的假象。之所以有這些差別，問題不在事物本身，而在你我的一念。

別忽略了自身心念的寬度，懂得包容世事，懂得寬待萬物，將幽默態度落實於生活，慢慢地我們都將明白，這世界只有真與美。

小孫子問教授爺爺：「爺爺，為什麼你說一切假的都是醜的？」

「那當然嘍！難道你能舉出相反的例子嗎？」爺爺問。

「可以啊！」孫子爬到教授的膝上，說：「你看看你自己，裝上假牙後又年輕又精神，拿掉牙，你嘴巴又空又癟，這不是相反的例子嗎？」

教授聽了，大笑說：「有道理！」

醜似美，真實醜，聽了這番童言童語，你對美醜是否有了不一樣的定義？

孩子的真心話，總讓人會心一笑，也更引人深思，好像下面這個故事，在聽來無禮的話中，隱含著某些深義。

「我再也不洗臉了！」有一天，小多莉忽然對奶奶這麼說。

「為什麼呢？真是個小淘氣！妳知道嗎？當奶奶像妳這麼大的時候，可是天天洗臉呢！」奶奶說。

「所以我才不洗，我不想變成妳現在這樣啊！」小多莉回答。

小多莉不懂歲月增長的變化，只懂眼前所見到的真實畫面，從中也讓我們明白，人生不活在當下，又在何時？

假牙看似很虛假，卻是眼前爺爺最需要的東西，既是生命所需，那又何必在意真假？只要有助於生命繼續，讓人清楚說出心中真心話，即使是假的，我們亦當認真看待。

又好像另一則故事中，滿臉的皺紋正是生命漸進轉動留下的痕跡，又何必為此苦惱煩心？仔細想想，我們每天洗臉為的是什麼？是讓自己清醒，以看見更明亮的本心，還是為了讓人看見一個表面漂亮但內心無知的靈魂？

幽默看待萬物，便可得深刻的生活禪思。美醜一念，真假不辨，一切標準存乎你我的一念心。何妨給自己一點空間，學學孩子們以單純眼睛看世間？從此觸目所及，必無一不是美麗真實之境。

幽默，讓學習積極活潑

肯定鼓勵的方法才能挑起學習熱情，想帶動別人的學習興趣，更要以積極幽默的方式引導。

學習是互動的，多了主觀的認知與態度阻礙，便很難有充分的溝通與交流。

所以，身為教育工作者，不只要懂得如何教學，更重要的，要知道以客觀態度引導學生積極學習。

好的老師懂得關心學生，更懂得幽默教學，因為他們知道，風趣幽默的方式最能吸引人，挑起積極學習的意願。

學生們最害怕英國文學課的老師，因為他對成績的要求極為嚴格，除此之外，大家更害怕分發考卷的時候。

因為他是以分數高低來區分，分送考最高分的試卷時，他會舉在頭頂上交給學生，次之的，就放在桌子上讓學生自己來拿取，再次之的，就放在膝蓋上讓學生來拿，再次之的，就放在地板上讓學生自己取回。

這次期末考卷照往常分發後，卻還有三名學生沒有拿到考卷，他們只好上前請問老師，自己的考卷到哪裡去了？

只見老師冷冷回答：「要考卷嗎？麻煩你們半夜時分再回到這間教室來，因為我把剩下的考卷埋在講台下。」

這確實是十分可怕的方式，看似公平，實則一點也不顧及學生的顏面。若說嚴格是好事，但從人性的角度思考，如此態度與方法只會造成學生的反感、反彈，更無法愉快地學習英國文學。

畢竟，老師挑起的不是學生們的省思，而是恐懼和反感，當然難以得到好

的學習結果。如果這位老師能學學下面這位化學老師的教學方式，或可讓學生

更樂於積極學習。

化學老師在黑板上寫了一個化學分子的程式，然後叫了一位學生的名字……

「約翰，你來說說看，這是什麼分子的程式？」

「是……那個……是……」約翰似乎想不起答案。

「答案是什麼？」老師又問了一次。

「它……其實就在我嘴邊，我……」約翰心虛地說。

老師聽了，忍不住笑出聲道：「那你還不快點把它吐出來？要知道，那可

是鹽酸哪！」

多妙的「吐」字，老師沒有直言指正學生的問題，而是幽默地提點學生所

學不足，讓人更覺學習富趣味。

以第一則故事為例，當老師只以分數成績作為品評學生的標準，或是以此

來揚好貶壞，學生之間的落差將變得越來越大，特別是那些對這個科目已經感到興趣缺缺的學生。

第二則故事中，「吐出鹽酸」的幽默隱喻，才能真正加深學生的記憶。

從中反思，聰明的人都知道，肯定鼓勵的方法才能挑起人們的學習熱情，想帶動別人的學習興趣，更要以積極幽默的方式引導，如此，更能點燃學習的意願與自信。

知道錯誤，更要知道錯在何處

最理想的家教是幽默地讓孩子學會自我省思，不必責罰，便懂得面對己過，學習改進。

希望孩子能不再犯錯，期望孩子能走在正確的道路上，我們該做的不是嚴厲地告訴孩子「什麼可以，什麼不可以」。

最好的方法，是引導他們思考為什麼要這樣做才好，又為什麼這樣做是不好的。當他們犯錯，我們不必急著責罰，而是要讓他們知道自己錯在哪裡，又要如何才能不再犯錯。

歐達在踢足球的時候把窗戶打破了，父親氣得不得了。

最後，他決定：「我要把你關到雞棚去！」

歐達連忙抗議：「不行，我不會下蛋啊！」

為了免除責罰，孩子總會想出千百怪的理由藉由來應付，然而在他們天真的話語裡，我們除了聽見天馬行空的想像，更會聽見孩子們心智成長的缺失，並思考應當如何正確地引導。

馬克很調皮，父親經常揍他，但今天的馬克卻顯得有些異常，只見他咬緊了牙根，忍著痛，不再像從前那樣向父親求饒。

直到被教訓完畢，馬克才惡狠狠地說：「你打啊！再打啊！你愛怎麼打就怎麼打，我發誓，將來一定會向你的子孫報仇！」

如此沉重且充滿仇恨的話，不知道給了你什麼樣的啓發？

孩子的世界單純也直接，然而正因爲過於單純直接，他們不懂檢討省思自己的過錯，就像馬克的回應一樣，沒有思考自己的問題，而是惱怒地想著挨打的疼痛，進而心生怨恨。

如此心思，若不能及時導正，未來恐怕會導致危機。

教育孩子，可以時而正面，時而反面，重要的不是我們用哪一個面向去教育他們，至關重要的是，能不能教導他們以正面的思考邏輯去面對過錯，並懂得時時反省，自我糾正。

其實，責罰只是一個方法，也不是絕對或最好的方法，因爲最理想的家教是幽默地讓孩子學會自我省思，不必責罰，便懂得面對己過，學習改進。

不要急著把怪責孩子的過錯，而是要讓他們知道自己錯在哪裡，並且明白怎樣的作爲與態度才正確。

幽默引導的成效，會較一味責罰更高。

不要讓自己的幽默太過火

輕鬆生活不代表可以隨性作為，幽默也不可
過火，唯有能保有自己的真性誠心，才能期
待良善社會環境的建立。

要扭轉他人看法，先改變自己的做法

面對別人的嘲笑，更要更努力彌補不足，只要能將嘲笑視為積極圖強的力量，很快地，就會聽見人們驚嘆肯定的聲音。

法官極其不悅地對著一名慣竊說：「你一再犯案，真是惡性不改啊！別告訴我，你又有什麼好的理由啊？」

小偷一聽，驚呼道：「法官大人，您真真是我的知音！我這一回真的是有不得已的苦衷啊！」然後嘆了口氣說：「唉，我上次出獄後，曾經接受兩次輸血，您知道嗎？那兩個輸血給我的人居然都是慣竊。」

小偷故作無辜地對著法官，法官大人聽了不禁搖頭。

笑看這名慣竊的理由，思考他所謂血液裡也有「習慣偷竊」的因子，我們簡單地轉念一想，卻也得出了一個不同的想法，那正是「習慣」的可怕！

壞習慣一步也跨不得，修正錯誤一步也不能停歇，因為當人們對我們的「習慣」有了一定的印象後，想扭轉他們的觀感，將會是一個漫長且辛苦的等待！

換種說法，慣竊犯推說那是「別人的習慣」時，也代表著他並未好好看清自己的過錯。我們都知道一個人的意志全靠自己掌控，即使全身換血改造，也不可能取代你我的心志，更別提「輸血傳承」的因果關係。

從另一個角度想，當別人又再否定我們的時候，我們該做的不是反駁他們的否定，更不該只想著找藉口諉過，而是要認真省思，為什麼自己不管做什麼都會被懷疑，又為什麼無論我們怎麼做，身邊的人依然否定的原因。

不想被否定，那麼我們就不該像下面這個女人一樣只知道遮掩，而是要找出問題的癥結，並讓身邊人的相信：「我會很認真地修正自己的錯誤，也會非常努力地補強自己的不足！」

瑪莎站在希臘神廟的廢墟前，對著朋友大聲呼喚：「誰來幫我拍張照？」

遠處一位朋友走了過來說：「我來吧！」

「你可千萬別把我的車子也拍攝入鏡啊！」瑪莎指著停在左手邊的車子。

「為什麼？」朋友不解的問。

「那樣的話，我老公肯定又會說這是我撞出來的。」瑪莎無奈地表示。

何必為這樣的事感到無奈呢？車子一同入鏡又何妨？其實，擔心老公嘲笑否定，不如坦然地讓他知道自己確實技術不佳，請他教導開車的技術，好讓自己的開車技巧更加進步，這才是解決問題的根本之道啊！

旁人的「習慣認知」也許不容易改變，但只要我們有心改過，認真修正，壞印象終能扭轉改變，換得人們的認同與肯定。

面對別人的嘲笑，更要更努力彌補不足，只要能將嘲笑視為積極圖強的力量，很快地，就會聽見人們驚嘆肯定的聲音。

真心對人，才得人真心以對

要求別人付出的時候，請先想想你是否也願意付出吧！若不能主動張開雙手，又如何能得到他人的擁抱回應？

如果你是一個喜歡分享愛的人，一定認同這個道理：「愛人者人恆愛之，敬人者人恆敬之。」

這絕非陳舊的老話，而是永恆不變的真理。

這社會一直都是公平的，不會有人只能一味地付出，而得不到回饋，所以別擔心你的付出得不到人們的善意回應，首先應該擔心的是，自己待人的心是否真誠無愧？

佐藤家與青木家是多年的老鄰居，說他們感情好也不是，說他們感情不好

又不大對，因為他們偶爾還是會互相「尋求幫助」。

好像這天，佐藤先生叫傭人去向青木家借錘子，傭人立即到青木家敲門：

「您好，我們家的主人想向您借把錘子。」

「不知道你們要敲的釘子是鐵的，還是木頭的？」青木先生問。

傭人說：「是鐵釘子。」

一聽到是鐵釘子，青木先生便說：「鐵釘子啊！唉呀！那真不巧，我們家

的鐵錘剛剛被別人借走了。」

借不到鐵錘，傭人只能空手而回，如實地把經過告訴佐藤先生。

佐藤先生聽完傭人的敘述，忍不住大聲嚷嚷：「什麼，真沒想到這世界上

竟有這樣的吝嗇鬼！借個錘子，還要問釘子是鐵的還是木頭的，真是莫名其妙。

哼！有鐵錘也捨不得借，好像被我一用就會壞掉一樣。」

「沒辦法，我只好拿自己的錘子來用了。」佐藤先生說著，便轉身從自己

的工具箱裡拿出鐵錘。

傭人站在一旁，無言以對。

這是一則非常有趣的故事，兩家人看似是感情和睦的老鄰居，實際上卻同樣的自私自利。說得好聽是「互相幫忙」，結果卻是「相互利用」，雖然可說人之常情，卻仍讓人頗感心寒。

人與人之間的互動，原本就存在著一些利益需要，然而，像佐藤先生這樣一心只想著佔人便宜的心態，必定不是每個人都能接受。

親愛的朋友們，在要求別人付出的時候，請先想想你是否也願意付出吧！

若不能主動張開雙手，又如何能得到他人的擁抱回應？

想看見人們以笑臉相迎，別忘了自己的美麗微笑，希望人們能以真心對待，別忘了率先付出誠心。

用寬厚、幽默態度待人，必能得到肯定與回饋。

失戀是最好的成長試鍊

感覺不對了，就別再強求，學會放手，學會捨下，我們才能真正的打開心眼，去尋找真正屬於自己的伴侶。

你失戀了嗎？

若是，請認眞感受此刻心境，因爲聰明的人能從失戀的苦痛中，看清自己眞正想要的愛情樂園，並找出更合適的愛人方式。

有個失戀的人正愁眉苦臉地向朋友訴苦：「我愛的人拒絕了我的求婚。」

「沒什麼，我告訴你，女人的話有時候得從反面理解，她說不，有時候是

意味著好。」朋友如此安慰他。

「可是，她沒說不啊！」失戀的人說。

「不然她說了什麼？」朋友問。

「她說『呸』。」失戀的人說。

絕妙的一聲「呸」，雖然狠心，但倒也簡單明瞭。這樣的感情結束其實也算是一個好的結果，至少男人不必繼續愁眉苦臉地等待女人的回應，更不必空自期待美好的結局。

既然對方不喜歡，那就再找下一個戀人吧！愛情的道路上不會只有一個選擇，眼前人若不是對的人，就別再癡纏了，不然會讓自己被困在愛情迷陣裡，遲遲找不到真愛。

某間雜誌社正舉辦一場徵文活動，題目是：請以最短的文字，敘述你的一次戀愛經過。

不久，他們收到這樣一篇文章：「開始……心裡眼中只容得下一個她；過程中……母親叫我向東，情人叫我向西，我必定選擇向西；結局……愛人結婚了，新郎不是我。」

曾經執著的唯一，曾經以為只有對方才有全世界，漸進至失去了愛人的心，這轉折的確折磨人。但往好處想，若能從中看見自己真正的需要，相信未來的路仍有更多美好。

新郎不是我，正代表著與這份情感無緣，若是勉強求愛，最終一樣會走到不得不分手的路。畢竟愛情不是單一方的事，如果不是兩情相悅，即使郎才女貌也無法看見幸福。

心是騙不了人的，或許騙得了別人，但肯定騙不了自己。感覺不對了，就別再強求，學會放手，學會捨下，我們才能真正的打開心眼，去尋找真正屬於自己的伴侶。即便他們的答案很傷你心，也請別再傷心，而以感恩心面對，並以幽默解嘲，因為走出錯誤的愛情，會更懂得什麼才是真愛。

不要讓自己的幽默太過火

輕鬆生活不代表可以隨性作為，幽默也不可過火，唯有能保有自己的真性誠心，才能期待良善社會環境的建立。

維護社會環境，雖然人人有責，但我們絕不能只要求別人付出，卻忘了自己盡一份心力。

在責問別人為何不能為我們著想時，別忘了要先想想自己，是否也時時刻刻都能關照別人的需要。希望能打造一個互動良好溫馨的人際社會，別忘了先從自己開始。

舍監來到宿舍視察，正巧碰見學生們在屋裡燒煤烤肉。

「天哪！窗戶和大門都沒打開，你們難道不知道這樣做很危險嗎？」舍監非常緊張地說。

「太危險了！滿屋子充滿二氧化炭，要是再沒有氧氣進來，你們可要送命了。」他接著又恐嚇道。

看著舍監滿臉驚恐神情，其中一位學生笑著回答：「放心啦！我們是植物系的，會吸二氧化炭，吐氧氣。」

學生們自以為幽默地回應，卻無視於自身安全，從應答中我們不難看見他們責任心的不足，以及仍有待加強的生活態度。

一個無視自身安全的人，當然也不會顧及他人的安危，仔細想想，自己是否也抱持著相似的錯誤態度呢？

取巧容易，踏實難得，機巧雖然容易讓我們獲得成功，其中往往也存在著險境，好像下面這則故事。

兩位法學院的猶太學生正在爭論一個問題，其中一位學生認為，學習法典的時候是不可以抽煙的，而另一位學生則持相反意見。

他們各執己見，相持不下，最後只好找猶太拉比當裁判。

「拉比，我們在學習法典時能抽煙嗎？」持反對意見的學生先開口。

拉比聽了，生氣地說：「當然不行！」

這時，持贊同意見的學生走了過來，恭敬地對拉比說：「請問拉比，人們抽煙的時候，可以學習法典嗎？」

「當然可以。」拉比聽了，笑著裁決道。

換個方式說反而說服了拉比，然其中也存在著另一極為重要的寓意：試想，只懂鑽法律的漏洞，豈是社會之福？

人生只有一次機會，好像第一則故事，懂得自然律例的人卻選擇違反自然之則，讓自己陷入危險中，怎不愚笨？

又如第二則教事，身為未來律師，不懂直言誠實，卻想著玩弄巧智，這又豈是大眾之福？

人生能走往對的道路並不容易，稍有偏失便墮險惡之林，正因為如此，更要時時提點自己正確的生活態度與嚴謹的人生方向。

輕鬆生活不代表可以隨性作為，幽默也不可過火，唯有能保有自己的真性誠心，時時提醒看見正念心性，如此，才能期待良善社會環境的建立。

尊重別人等於尊重自己

學習尊重他人不難，而且相當必要。因為學會尊重他人，也等於學會了尊重保護自己的智慧和人格。

沒有人不希望時刻感受到別人的尊重，也沒有人喜歡自由與自主權被侵犯。

所以，在觀想自己不喜歡的情況時，別忘了替換到他人身上，因為人同此心，心同此理，期望別人尊重我們之前，不能忘了自重。

有位美國太太正在英國旅行，這天她選擇搭火車前往目的地，由於在位子上坐太久了，便起身走進了一間吸煙室，心想：「那裡的空間比較大，應該比

較舒服。」然而，很不巧的，裡面有個英國紳士正在抽煙。

美國太太安靜地坐了一會兒，但坐越久便吸進越多的煙味，讓她的身體越來越覺得不舒服。為了阻止這位英國紳士繼續抽煙，她便開始故意打噴嚏和咳嗽，以示對煙味的厭惡與不適。

然而，不管這位美國太太的動作或聲音多大，英國紳士始終都未加理會，看起來根本不打算把煙斗放下。

最後，美國太太忍不住說話了：「先生，如果您是一位紳士的話，應當知道，在女士走進了這節車廂之後，您就應該把煙放下了。」

這位英國男子聽了，卻微笑道：「夫人，如果您是一位優雅夫人的話，也應當知道，當有位紳士坐在這裡抽煙的時候，您就不該再走進這節車廂了。」

你認爲誰的說法才正確？還是你覺得兩個人都不對？

答案當然見人見智，然而若從尊重別人的角度來思考，明知該處是吸煙間，卻偏偏選擇走進的夫人，其實是不對的。吸煙區是癮君子們唯一的去處，當然

要尊重他們的使用權。

既知自己不喜歡煙味，何不退回到屬自己的地方呢？

不難發現，現實生活中許多人也會犯下同樣的錯誤，把侵犯他人的自由視

為理所當然，以為這樣做並無傷大雅，實則已損害了自己與他人之間的情誼。

學習尊重他人不難，而且相當必要。因為學會尊重他人，也等於學會了尊

重保護自己的智慧和人格。這樣的人，當然較受歡迎。

心態決定事情的成敗

心態決定事情的成敗，處事只在態度，若不能嚴謹進行，不能以正確的態度對待，與其行動，不如不動。

工作成敗關乎態度，生活好壞也關乎態度。錯誤的態度常引人走進生活危機，也常帶著人跨入險境。

跨出腳步之前，請先檢視我們的決心，也請先檢視你我的態度是否認真。

少了這些，想成功恐怕難如登天。

上級下了指示，要各省在某個期限內讓文盲消失，但是到了期限的前兩天，

有個人卻急匆匆地跑到村長那兒，說他還不識字。

村長一聽急著跳腳，大罵道：「你說什麼？你會不會太過分了！不識字為什麼不早說？只剩兩天時間而已，你知道嗎？」

這個人解釋道：「對不起，因為我腦袋笨啊！」

村長說：「那你要我怎麼辦？現在已經一個文盲都沒有了，就只剩下你一個人，你真是搞破壞的！快快快，你快去找掃盲小組，求求他們幫助你，也許他們能在兩天內教會你一些字，讓你至少會一些字母。」

這個人聽了，搖頭說：「字母我早就認得了啊！每個人都只教我這個，我看了都頭疼。」

村長聽了，忍不住問：「什麼？那你會寫自己的名字嗎？」

「會啊！自己的名字我當然會寫！」這個人自信滿滿地說。

村長一聽，立即鬆了一口氣：「那沒事了，你回去吧！這樣也想當文盲？還不夠資格啦！我看你已經能教書了呢！」

這看似有趣的故事，實則能引得人深刻省思。

為了迎合配合上級的目標，底下的人們努力地教人識字，然而最終結果，真完成了嗎？

恐怕非但沒有，情況還變得更糟，因為不正確的教育態度，不只給了人們錯誤的知識認知，還引導他們往向錯誤的方向思考。

在上者以草率的態度教育人民，還讓文盲者以為會幾個字母就能教書，一代一代傳遞下去，結果會是何種情況？想必無須猜想便能預見。

心態決定事情的成敗，處事只在態度，若不能嚴謹進行，不能以正確的態度對待，與其行動，不如不動。

積極學習，夢想才有意義

幽默看待磨難，多爭得一次學習機會，即使得耗費氣力也值得，因為在那之後，終將換得更豐盈的財富。

空有夢想，卻不知道積極行動，將會引人迷失方向。

心中有夢，記得積極前進，人生路似長猶短，邁出的腳步一旦停滯，必然離夢想更遙遠。

一天，學生忽然對老師說：「老師，我常夢見我已經當上教授了耶！」

老師聽了，微笑不語。

「老師，我要怎樣做才能讓夢想成真呢？」學生問。

老師依然面帶微笑，說：「很簡單，少睡覺。」

很簡單的答案，卻也是最中肯的答案。「少睡覺」，才能減少「做夢」的時間，也才能把這些多出來的時間，踏踏實實地用於學習上。

學習之路難以錢計較，只要我們能認真，少睡一分鐘，便能多踏出一個成功腳步。同樣的，每花一分力，終將收得物超所值的回饋。

若還不懂得這個道理，下面的故事也許可以給我們更多省思。

有個人想送他的兒子到學校念書，老師說：「好，我們可以收留他，不過你得交足二十法郎的學雜費。」

「二十法郎？這麼多啊！我可以用它來買一頭驢子了。」男子不捨地說。

老師看著男子，說：「假如你真的用這二十法郎去買頭驢，卻不讓孩子上學的話，那我保證，將來你家會有兩頭笨驢。」

許多人在衡量事物價值時，會習慣性地以金錢來計算，但你真覺得金錢眞能估出事物的眞正價值嗎？

聰明如你，想必早知道是估不出來的，因為萬事萬物皆有其有價與無價的一面。即使標價僅一塊錢，對喜愛的人而言就是價值非凡之物，反之，標示無價的物品，對使用不著的人來說，與垃圾場裡的廢棄品無異。

所以，別只想著那二十法郎，也別想著美夢，行動吧！

你我都知道，一個人的成就與學習機會是無價的，能為自己多爭取一些時間，自然多進一步。幽默看待磨難，多爭得一次學習機會，即使得耗費氣力也值得，因為在那之後，終將換得更豐盈的財富。

要風趣，不要反唇相譏

描述自己真實窘況的時候，不一定得反唇相譏，下次遇到諸如此類的問題，
不妨發揮自己的幽默感，給對方一個風趣的答案吧！

「派翠克，寡婦梅洛妮剛提出控告，說妳把她最愛的小豬仔偷走了，這是真的嗎？」神父質問派翠克。

派翠克點了點頭，非常誠實的說：「是的，神父。」

神父搖了搖頭說：「妳偷她的小豬做什麼？」

「偷來……吃……」

「對不起，因為我實在太餓了！」派翠克說。

「我的神哪！派翠克，當妳來到末日審判的那一天，若是遇見寡婦和豬仔

時，妳要怎樣替自己辯護呢？」神父提醒她犯的錯恐怕難以得到寬恕。

「神父，您說小豬仔也會在那裡嗎？」派翠克問。

「當然會啊！」神父點頭說。

「那太好了，神父，請您放心，到時候我會對寡婦說：『夫人，您的愛豬在這裡呀！』」派翠克放心地點點頭說。

派翠克這有趣的回答，不知道帶給你什麼樣的思考啓發？

先不討論派翠克偷了人家小豬仔的責任，我們不妨一同從宗教信仰中反向思考，當宗教約束力不再，人們對於信仰只有「祈求救贖」或「捐獻增福」的目的時，似乎對死後審判再也不覺得可怕，即使經書裡一再強調前世今生的因果報業，人們好像也不太在乎了。

究其原因，最重要的是因爲現代人只想好好活在當下，多數人連今生都自顧不暇了，哪還有餘力去思考「死後」？今生都求不全了，哪來的餘力尋求死後來生啊！想著那些一心念念著死後，只想靠著未知的地獄天堂來約束人們的

人，不知道你是否也覺得這類人很不切實際？

再舉一例，也許更能讓我們看清並正視其中的現實面。

曾經有個牧師到窮人區推廣宗教信仰，這牧師問一戶窮人家的主人：「請問，您死後是想上到天堂，還是想下到地獄去？」

窮人冷笑一聲，回答說：「唉，到那時候再看看吧！只要哪邊的玉米麵粉便宜，我就到哪邊去囉！」

多簡潔有力又風趣的一個答案，連三餐溫飽都成問題的窮苦人家，塡飽自己的肚子都有問題了，光是賺錢餬口都來不及，哪裡還有時間去參與宗教活動，甚至是掏錢捐獻呢？

這裡我們不是要否定宗教的功勞與作用，只是當人們一味靠著信仰來紓解犯錯的內疚，或祈求脫離貧困，而不是由心做起，且相信神多於相信自己，只知利用告解求救或捐錢來期待改變命運，那宗教之於他們恐怕壞處多於好處啊！

我們都知道，宗教不是唯一教育心靈的方式。懂得自省，知道培養自己的道德心與良知，認真生活在今生，勇於面對的現實當下，絕不期待未可預知的來生，才能真正得到心靈的自由。

好像犯了錯的人，若能發自內心檢討反省並積極改過，不必等到死後再去悔悟，只需要再一步，便能踏入天堂之中。又如那些安貧樂道之人，其實他們不必等待來生，今生早已成就自己在「天堂」中享受人生了。

當然，描述自己真實窘況的時候，不一定得反唇相譏，下次遇到諸如此類的問題，不妨像故事中的窮人，發揮自己的幽默感，給對方一個風趣的答案吧！

罵人不必帶髒字

USE HUMOROUS WORDS
TO SCOLD SOMEONE

為人處世篇

在這場用舌頭當武器的人性戰場上，如果，你想要「開罵」，
不一定要出口成「髒」，
不妨用「罵人不帶髒字」的方式進行調侃、反諷，
幽默的說話方式，不僅可以為彼此留下餘地，避免爆發衝突，
而且更能發揮效用。

「罵人不帶髒字」的說話方式，是聰明人的回馬槍，
往往能一槍刺中要害，讓對方認清自己的謬誤。

美國作家豪說：
在蠻荒的古代，人們用斧頭相鬥，文明人埋掉了斧頭，
他們的格鬥，靠的是舌頭。

《罵人不必帶髒字》暢銷作家

文彥博 著

全新白話編修版

Thick Black Theory

白話 厚黑學 大全集

林語堂、南懷瑾、柏楊、李敖 四名大師
一致讚賞的驚世奇書

用厚黑圖謀一己私利,是極卑劣的行為;用厚黑圖謀眾人公利,是至高無上的道德。

現實的社會充滿陷阱,處處可以見到欺騙、訛詐,巧取豪奪;
複雜的人性捉摸不定,有時散發著善良的光輝,有時流露著醜陋的慾望。
人不能只有小聰明,卻沒有大智慧;厚黑學不是教你賣弄聰明、耍奸玩詐,
而是教你看穿人性、修練人生,認清誰正在對你說詐。

當我們熟讀厚黑學,就會知道所謂英雄、偉人都是厚黑高手,
世間既厚又黑的人到處都是,應付人情事故的時候,
就不會被厚黑之輩墨弄了……

公孫龍策 編

厚黑教主 **李宗吾** 著

幽默的人最讓人喜歡

作　　者　塞德娜
社　　長　陳維都
藝術總監　黃聖文
編輯總監　王　凌
出 版 者　普天出版社
　　　　　新北市汐止區康寧街 169 巷 25 號 6 樓
　　　　　TEL / (02) 26921935 (代表號)
　　　　　FAX / (02) 26959332
　　　　　E-mail：popular.press@msa.hinet.net
　　　　　http://www.popu.com.tw/
　　　　　郵政劃撥 19091443 陳維都帳戶
總 經 銷　旭昇圖書有限公司
　　　　　新北市中和區中山路二段 352 號 2F
　　　　　TEL / (02) 22451480 (代表號)
　　　　　FAX / (02) 22451479
　　　　　E-mail：s1686688@ms31.hinet.net
法律顧問　西華律師事務所・黃憲男律師
電腦排版　巨新電腦排版有限公司
印製裝訂　久裕印刷事業有限公司
出 版 日　2018 (民 107) 年 9 月第 1 版
ISBN◉978-986-389-536-7　　　條碼 9789863895367
Copyright©2018
Printed in Taiwan, 2018 All Rights Reserved

溝通大師

35

國家圖書館出版品預行編目資料

幽默的人最讓人喜歡 ／

塞德娜著.—第 1 版.—：新北市,普天

民 107.09 面；公分 . - (溝通大師；35)

ISBN◉978-986-389-536-7 (平裝)